墨香财经学术文库

U0656623

互联网金融、消费增进与消费结构

Internet Finance, Consumption Promotion and Consumption Structure

张夕 著

东北财经大学出版社
Dongbei University of Finance & Economics Press

大连

图书在版编目（CIP）数据

互联网金融、消费增进与消费结构 / 张夕著. 一大连：东北财经大学出版社，
2024.6

（墨香财经学术文库）

ISBN 978-7-5654-5216-1

Ⅰ.互… Ⅱ.张… Ⅲ.互联网络－应用－金融－影响－居民消费－消费结构－研究－
中国 Ⅳ.①F832.29 ②F126.1

中国国家版本馆CIP数据核字〔2024〕第070393号

东北财经大学出版社出版发行

　　大连市黑石礁尖山街217号　邮政编码　116025

　　网　　址：http://www.dufep.cn

　　读者信箱：dufep@dufe.edu.cn

大连永盛印业有限公司印刷

幅面尺寸：170mm×240mm　字数：143千字　印张：9.75　插页：1

2024年6月第1版　　　　2024年6月第1次印刷

责任编辑：田玉海　赵宏洋　　责任校对：赵　楠

　　　　　韩敌非　张爱华

封面设计：原　皓　　　　　　版式设计：原　皓

定价：58.00元

前言

当前，我国正面临着居民消费需求不足、居民消费率偏低的问题。国民经济正值新旧动能转换阶段，传统的经济发展模式具有依赖投资和外贸出口带动经济发展的特点，这种经济发展模式的边际作用已变得越来越小，通过消费来促进经济发展的作用正逐步突显出来。加强发挥消费对经济的促进作用，能为经济的长足发展提供长足的内在动力，而消费力的提升也会给居民的消费需求带来重要影响，是促进经济发展的基本动力。"十四五"规划明确指出："全面促进消费。"2022年4月，国务院办公厅印发《关于进一步释放消费潜力 促进消费持续恢复的意见》，其中指出："促进新型消费，加快线上线下消费有机融合。"利用网络技术等实现线下消费与线上消费的有机结合，有助于改善居民消费结构，带动经济发展。其中，与"互联网+"存在密切联系的消费金融拓展了消费渠道，提升了居民消费水平，是促进经济发展的重要引擎。

党的二十大报告明确指出："我们要坚持以推动高质量发展为主题，把实施扩大内需战略同深化供给侧结构性改革有机结合起来，增强国内大循环内生动力和可靠性""加快建设现代化经济体系""增强消费对经济发展的基础性作用""推动经济实现质的有效提升和量的合理增长"。

消费金融作为一种为满足居民对最终商品和服务的消费需求而提供的现代金融服务模式，不仅可以改善有效需求不足、流动性不足和信用限制的现状，促进社会消费合理化，而且对社会经济发展具有重要作用。

互联网金融涵盖的互联网支付、信用贷款、保险、投资能帮助居民获得更大的便利、更好的保障、更多的投资渠道，有效降低了流动性约束和预防性储蓄动机，改变了居民的消费行为，提升了消费需求，也促进了整体消费结构升级。目前，众多研究虽然已经证实了互联网金融对消费需求、消费增进及消费结构升级的促进作用，但对于三者相互作用的系统性研究尚未展开。

本书结合现代消费理论、金融发展理论，对互联网金融影响我国居民消费需求及消费结构的作用机制进行了理论分析和实证检验。根据研究结论，从减少不确定、发展消费金融和提高居民收入三个方面，提出了促进社会消费、释放消费潜力的对策和建议。

本书共分7章：

第1章"绪论"，对本书的研究背景进行详述，提出了本书所要研究的主要问题以及研究目的与意义；说明研究所采用的方法、技术路线、内容安排及可能的创新点和不足之处。

第2章"理论基础与文献综述"，对金融发展理论和经典消费理论及国内外相关研究进行梳理和总结。

第3章"互联网金融对居民消费的影响机制"，分析了国内外互联网金融发展的现状、趋势及对消费影响的作用机制。

第4章"互联网金融对消费需求影响的实证分析"。根据永久收入和生命周期假说、预防性节约动机和流动性约束假说，构建回归模型对2014年1月到2020年3月的数据进行ADF检验、协整分析，验证互联网金融对居民消费需求的影响。

第5章"互联网金融对消费增进效应的实证分析"。基于基本收支模型新增互联网信贷、互联网支付、互联网基金、互联网保险四个变量，对2014年3月至2020年3月的面板数据展开具体的分析，从居民消费的角度，讨论互联网金融相关变量的平滑效应。分析互联网金融影响家庭消费增进效应的可能途径。

第6章"互联网金融对消费结构影响的实证分析"。采用CFPS的数据及北京大学互联网金融发展指数，实证分析了互联网金融发展与城乡家庭消费增进及消费结构变动之间的关系。

第7章"主要结论、对策和建议"。根据实证分析研究结论及现实背景，有针对性地提出了发展互联网金融的若干建议，以对居民消费发挥应有的刺激作用。

研究的主要结论如下：

（1）通过互联网金融对居民消费需求影响的实证分析发现：互联网金融主要通过提高支付的便利性和降低家庭面临的不确定性来促进居民消费需求。互联网金融的各个变量主要通过降低流动性限制、推动支付交易的进行、拓展投资渠道来使居民获得更高的收入、发挥对家庭消费的保障作用。

（2）通过互联网金融对居民消费增进影响的实证分析发现，互联网金融的不同模式对居民平均消费增进均有显著的正向影响，其中，互联网支付指数和互联网信贷指数对消费存在平滑效应；互联网保险指数和互联网货币基金指数对消费存在保障效应；互联网投资指数对消费存在增值效应；互联网金融从不同的渠道促进了居民消费的增长。

（3）互联网金融对消费结构的影响实证研究结果表明：本书使用的五个互联网金融指数与人均消费总额中人均第三产业消费占比正相关，互联网金融对家庭消费具有拉动作用，能促进社会消费结构升级，这种作用是通过增值与保障作用来传导的。

根据上述结论，本书从政府、金融及消费者三个方面提出了相关对策和建议：

政府应进一步加强经济改革，改善居民收入水平，提高居民消费能力，完善互联网金融监管，促进法律制度及支持政策的落实，保障互联网金融的良性发展。

金融部门应进一步开发符合消费者需求的金融产品，加强自律机制建设，加强消费者保护机制建设，降低消费风险，促进消费信贷的发展。

消费者应加强金融知识学习，树立正确的消费观，使消费与收入和谐发展。

张　夕

2024年2月于东财园

目录

1 绪论

1.1 研究背景与意义

1.1.1 研究背景

促进经济发展有三大重要因素——投资、出口与消费。GDP中的一个重要组成部分就是消费总量,它能够间接反映经济增长的情况。消费之所以能够促进经济水平的提高,是因为生产制造的最终目标就是消费。不仅如此,影响国民经济产业结构的一个重要因素就是消费结构。马克思在《〈政治经济学批判〉导言》中揭示了生产和消费相互依存、相互作用的辩证关系。

美国著名经济学家西蒙·史密斯·库兹涅茨(1941)也认为,产业结构的发展趋势与包括最终需求结构和消费结构在内的产业价值使用格局高度相关。在技术进步、技术创新促进产业结构和产品结构调整的情况下,随着新产品的推出、传统消费模式的改革,消费者将产生新的消费需求，从而对消费结构升级、经济发展起到良好的促进作用。作为一个社会问题，经济增长的目的在于不断提高居民的社会福利水平，而居民福利和居民的实际消费量直接相关。

改革开放40余年来，我国社会经济发展取得伟大成就，在GDP持续增长的同时，产业结构持续调整和提升。但是仍然存在一些不合理的问题，主要表现在需求结构失调、供给结构不协调等层面。从需求结构看，主要是内需与外需、投资与消费失衡。近些年，我国经济上的出口依赖度一直很高，经济发展在非常高的水平上依靠国外市场。中国长时间存在投资率高、消费率低的问题。

国际货币基金2000年公布的资料显示，国家的收入水平不同，最终消费率也存在一定差异，发达国家最终消费支出占GDP的比重平均在80%左右，发展中国家平均约70%。最发达的美国，其最终消费率基本在75%到80%之间。而同期中国的最终消费率为62%，居民消费率仅有46%，消费对经济增长的贡献率也长期维持在60%左右，有很大提升空间。

2010年以来，受到逆全球化的影响，海外市场不确定性增大，出口贸易遇到一定的阻碍，投资增长速度减慢，边际效应大不如前，因此必须采取措施来促进消费、扩大内需，稳定中国经济的发展。党的十八大以来，我国坚定实施扩大内需战略，先后出台了多项举措，营造"愿消费""敢消费""能消费"的良好政策氛围，有效地释放了消费活力，激发了消费潜力，促进了宏观经济的增长。2016年，消费对经济增长的贡献率首次达到了66.5%。这是该指标改革开放以来的最高纪录，说明内需对于经济增长具有重要贡献。

2019年8月27日，国务院出台了《关于加快发展流通 促进商业消费的意见》，其中包括20条激励措施，如鼓励运用大数据、云计算、移动互联网等现代信息技术，形成更多流通新平台、新业态、新模式。鼓励发展"互联网+旧货""互联网+资源循环"，促进循环消费等。党的二十大报告中指出，"增强消费对经济发展的基础性作用和投资对优化供给结构的关键作用"，因此必须鼓励居民"消费升级"，通过这些合理的消费需求促进消费型经济的发展。

因为互联网金融降低了融资费用，提高了社会资金的流转效率，改变了现有的金融服务理念以及业务格局，因此，第三方支付、网络信贷、网络众筹等新型互联网金融服务模式得以迅速发展。它可以有效补充传统金融机构的投融资功能，有利于社会金融体系的发展。线上消费越来越受到消费者们的青睐，由此第三方支付平台慢慢发展起来，消费者不再习惯于使用物理货币。在这样的背景下，互联网金融的发展存在一定优势，它能够有效促进互联网金融产品的创新。[1]互联网产业的快速发展改变了居民固有的消费习惯，同时也为中国经济发展注入了新的动力。2021年发布的《中国互联网发展报告（2021）》显示，2020年，在疫情肆虐、防疫常态化的背景下，互联网金融行业凭借其商业形态的优势使中国成为世界上唯一保持经济正增长的主要经济体；2020年，中国GDP首次突破100万亿元大关。这些非凡成绩的取得离不开互联网金融行业的贡献。[2]进一步发展互联网金融对我国国民经济持续健康发展具有特别重要的意义。

吴晓求（2014）认为，互联网金融推动整个金融结构改革，对于促进国民经济增长具有重要作用。[3]邱冬阳等（2014）认为，具有电子化、系统化、专业化、高效化和自动化特征的互联网金融使金融中介服务和金融资源配置突破了空间和时间的限制，有效提高了金融服务的效率。[4]

2017年，中国互联网金融协会在年报中指出，互联网金融对实体经济至关重要，发展普惠金融，便利了个人投资者和中小企业的投融资，为国民经济发展做出了积极贡献。[5]沈杨嘉仪（2019）认为，互联网金融的第三方支付、网络借贷、移动支付等，都会对国民的消费行为带来较为显著的影响。[6]

陈一稀（2013）认为，互联网金融的边际成本基本不存在，它通过无偿为居民提供基本服务实现无边界扩张，通过规模经济和范围经济促进整体经济增长。[7]传统的消费基础理论认为，始终存在一些不利于居民消费的行为，比如突然获得的收入、意料之外的收入、消费者的消费习惯转变等。凯恩斯以及杜森贝利分别提出了绝对和相对收入假说，二者均指出，在当期、未来流动性约束的影响下，消费者均会做出多储蓄、少消费的决策。弗里德曼、泽尔德斯、莫迪利安尼、霍尔等学者提出的理论假说中也提出了相同观点。现代消费理论指出，受限于不确定性因素，流动性约束会给居民的消费需求带来一定影响。

刘玉（2015）分析了国内互联网金融发展的基本情况，指出互联网金融的重要性，从最近几年的发展形势来看，互联网金融能够有效促进国民的消费、深化金融市场结构改革、提高经济发展的质量。[8] R. Emekter的研究发现，互联网金融能减轻流动性约束，使居民产生更多的消费需求，优化其消费结构。[9]

汪红驹（2018）等学者指出，在道德风险等多种因素的影响下，假如消费者并未采用消费借贷的方式来实现平滑消费，就只能做出按照当前收入进行消费的决策，进而出现消费水平下降的情况。[10]李燕桥等通过实证研究发现，网络消费信用贷款能刺激耐用品消费，使当前的流动性随之下降。[11]通过采用实证研究方法对居民消费需求进行研究，郭建辉（2018）指出，互联网金融的小额贷款能够使当前的流动性提升、后期的流动性降低，使居民采用贷款的方式进行购物消费。[12]通过将互联网金融划分为信用贷款、投资等四种类型，邢天才、张夕（2019）通过研究指出，互联网金融能刺激居民进行购物消费。[13]

曾碧华等（2021）的研究表明，电子商务和互联网金融的发展改变了居民的消费习惯，产生了新型的服务模式，同时催生了对互联网金融服务的大量需求，进而扩大了家庭消费的广度和深度。[14]揭佳豪（2021）对互联网金融对家庭消费促进效果的实证分析发现，基于互联网和数字技术的包容性金融的发展导致了支付方式的变化，扩大了金融服务的范围，可大大降低搜索、评估和交易的成本，降低了流动性限制，不仅提高了消费的便利性，还使被排除在传统金融服务之外的人可以通过互联网金融服务实现更便利的消费，使他们在金融服务的支持下实现当期消费，从而释放居民的消费需求。[15]

洪铮（2021）对数字金融发展对家庭消费的影响的研究发现，数字包容性金融可以通过放松流动约束、提高支付便利两个渠道促进家庭消费发展。[16] Leland（1968）将不确定性风险引入消费理论，针对消费和保险之间的关系展开了一系列的实证研究，结论表明，居民消费和保险之间存在某种联系，因为互联网保险能够分散风险、创新技术、促进产业结构升级，所以，随着居民消费水平的提升，其在升级消费结构、刺激消费方面有重要的作用。

在家庭经济学和金融方面，尹志超等（2019）的研究发现，移动支付有助于提高创业执行水平，降低信息不对称的程度，从而提高创业绩效，通过提高居民收入，降低流动性约束，刺激消费增长。[17]张李义（2018）通过互联网金融中的信息优势来展示其相对于传统金融的优点，还发现互联网金融会对居民消费结构的改善产生较大的影响。[18]

从现有的资料看，已经有专家学者围绕家庭消费和互联网金融之间的关系进行了研究，而且已经有了一些成熟的理论。学者们通过研究得出以下结论：互联网金融会通过信用贷款预期、当期流动性、储蓄动因来对居民的消费行为带来影响，降低流动性带来的束缚作用，使居民产生更多的消费需求，进而优化消费结构。

目前，国内外众多研究已经证实了互联网金融发展对消费需求、消费增进及消费结构升级的促进作用，但对于三者相互作用的系统性研究尚未展开。本书结合现代消费理论、金融发展理论，对互联网金融影响我国居民消费需求及消费结构的作用机制进行理论分析和实证检验。根据研究结论，进一步从降低不确定性、发展互联网金融和提高居民收入三个方面，提出了促进社会消费、释放消费潜力的对策和建议，为引导发挥互联网金融在经济发展转型中的功能，提供具有理论意义与实践意义的参考依据。

1.1.2 研究意义

实现消费稳定持续增长、加速经济发展方式转型发展，是坚持以人民为中心的发展思想的主要体现，是体现"创新、协调、绿色、开放、共享"新发展理念的具体举措。自2008年以来，依靠投资和出口来发挥带动作用的外向型经济发展模式显露疲态，在经济发展的新常态下，应以消费为核心寻求创新与发展，从而为产业升级与优化起到良好的推动作用，为经济的高效运行、长足发展起到良好的推动作用，使居民获得更大的福利。

近些年，我国互联网金融快速发展，推动了消费行业转型，对我国居民的消费需求、消费行为和消费结构产生了很大影响。因此，分析互联网金融的发展能够帮助认识国内消费者的消费需求、消费行为、消费结构等，从改变经济发展方式的视角掌握拉动内需的迫切性和重要性。同时，消费也是主张个人权益和获取幸福感的主要途径之一，有关分析有利于更好地分析互联网金融发展与消费者消费之间的关系，对未来发展做进一步的预测，有利于从全面发展的视角了解互联网金融发展趋势下的消费理念变化和个人行为变化。要想推行合理的消费政策、挖掘消费潜力、促进互联网金融发展，就应深入了解其对消费的影响，打造全新的消费版图。

本书所做研究的意义集中体现在以下方面：

（1）理论意义

消费是社会再生产过程中的一个重要环节，它对一个国家的经济发展起着特别关键的作用。在我国，一直以来，居民消费率低，消费增速落后于经济发展增速。改善现有的消费结构能够提高居民的消费需求，有效促进居民消费，能为国民经济发展起到良好的推动作用，是带动我国经济发展、建立良性循环的重要因素。作为现代经济发展的润滑剂，消费金融作为关联需求侧改革的重要内容，受到学术界及政府机构的高度重视。但对于近年来刚刚兴起的互联网金融，相关理论研究滞后于实践的发展，迫切需要深刻认识互联网金融对国家经济、社会消费的作用机制、存在的问题和解决的方案。因此，本书以我国互联网金融发展过程为脉络，采用对比分析和历史分析相结合、系统分析与实证分析相结合、定量分析与定性分析相结合的方法探讨互联网金融对居民消费需求、消费增进及消费结构的影响。立足我国消费升级的现实背景，本书有针对性地提出了发展互联网金融、促进社会消费的政策建议。本书对互联网金融对居民消费需求、消费增进及消费结构的实证研究，可以揭示互联网金融对社会消费的微观和宏观作用机制，为相关研究提供参考。与此同时，有关理论研究还可以为相关部门研究和制定政策提供依据。

（2）实践意义

消费对经济社会发展具有影响，同时也是经济社会发展的结果。因此，研究互联网金融对居民消费需求、消费增进及消费结构的影响规律及发展趋势，有利于进行消费结构的优化调整和居民消费质量的提高。本书所做研究的实践意义具体体现在下述一些层面。

第一，消费是生产的驱动力。对居民消费需求进行研究，是为了更好地研究提升消费结构，推动社会经济发展，提升人民消费水准，改善人民日常生活。互联网金融作为促进社会消费的一种创新商业模式，它的出现使普惠金融以及金融脱媒的概念得以迅速普及，已经成为优化消费升级、促进产业优化、改善人民生活水平的重要工具。本书从互联网金融的角度出发，讨论其和居民消费需求、消费结构、消费增进之间的关系，进一步分析现阶段经济增长的结构性问题。结合这些问题，提出了影响居民消费需求、消费结构的途径，有助于对社会消费变动趋势进行预期，制定与实施经济、金融政策，推动和指导消费金融实务的进一步开展，从而促进消费结构升级，拉动经济增长。

第二，伴随着中国经济的发展，市场上的竞争越来越激烈，从经济结构变化的角度来看，居民消费的作用越来越明显，很多人开始认识到消费结构在产业布局转型发展历程中的重要性，消费结构对产业布局的影响是无可替代的。产业结构的转变会对生产规模产生一定的影响，经济水平的提高离不开产业结构的提升。所以，刺激居民消费需求、改善消费结构已成为促进国民经济健康、持续发展的重要举措。最近几年，在新冠肺炎疫情影响下，世界经济下滑、国内市场主体的出口压力大。因此，刺激市场内在需求、改善消费结构，已成为促进国民经济健康、持续发展的重要任务。本书关于互联网金融对居民消费需求、增进及结构影响的研究，有助于深刻认识互联网金融对社会消费及整体经济增长的关系，为政府优化消费结构宏观政策的制定提供参考和依据。

第三，国内外的理论研究和实践证实：互联网金融是把双刃剑。可以有效促进社会经济发展，也隐藏着一定的金融风险和社会风险。当前，我国互联网金融在快速发展的同时，也面临一定的问题，除了金融风险加大外，侵害消费者行为的现象也屡有发生。因此，迫切需要强化监管，引导其良性发展。本研究立足互联网金融发展的现实背景，按照提出问题—分析问题—解决问题的研究思路，采用多学科研究相结合的研究方法，对互联网金融对居民消费需求、消费增进及消费结构的影响进行了系统研究。研究成果揭示了其变动规律及趋势，不仅有助于政府制定互联网金融监管政策、法规，也有助于政府制定相应的经济政策，引导社会消费朝着合理化方向转变。

1.2 核心概念界定

1.2.1 互联网金融

从字面上不难理解，"互联网金融"是利用网络等先进技术而发展的一种全新的金融业态，一般有以下几种：互联网公司直接开展金融业务、互联网化的金融产品与服务、公司和机构协同的互联网金融业务，它们都有一个明显的特点，即都和互联网息息相关。

从学术界学术研究的层面看，谢平（2014）认为，互联网金融是一个谱系或有连续性形态的概念。[19]

互联网金融诞生以后，在我国呈现出迅猛发展态势，之后呈现出了模式分化的发展特点，随后它的风险也渐渐显露出来，逐步走过政策包容、市场成熟、用户依赖、生态有序的发展阶段。互联网金融的特征主要表现在以下几个方面：

（1）虚拟运营场地

网络时代的经济活动平台，是多元化经营下的虚拟运营场地，其使用价值体现在广泛联结的商业服务互联网中。平台在创建各种各样外界接入的同时，所联结的资源彼此之间也完成了高效的互补，彼此之间根据数据共享迅速完成资源共享，彼此之间反应快速。广泛联结下的资源汇聚已变成互联网技术平台的主要价值反映形式。

（2）积极跨界的经营活动

跨界使得电商平台拥有了更多的可能性，有些过去难以想象的商务活动渐渐向金融领域延伸。首先，电子商务平台以商贸活动为切入点，通过闭环生态的建立，提高金融禀赋。例如，作为电子商务网站的配套设施，支付工具快速发展起来，各大平台的支付产品不断出现。电子商务网站还为消费者提供了综合服务平台，实现了生活费用缴纳、用户资信级别评价等多样化的功能。另外，金融机构也向商业领域延伸，进行跨界。例如，中国建设银行率先推出了电子商城，其后自主创建商务网站的商业银行不断增多。另外，证券公司等金融机构也依托互联网为用户提供理财、网络贷款、线上支付等金融服务。

（3）平台开放广泛联结

互联网金融平台的不断发展，使得电商空间变得更加广阔，用户不但能通过特定入口做出产品决策，还拥有了更多的选择空间，操作的便捷性大幅提升。各类网络平台采用开放的形式，通过客户资源来改善平台功能，共同分享资源。而且，联结的广泛性能够为平台引入流量，创造新价值。例如，一些规模较大的平台可以将流量引向垂直渠道，提升营销的准确性；一些平台的促销活动更加丰富；平台对征信等功能型网站进行主动链接。随着网络时代的来临，这种商业联盟提升了分工的专业化水平，进一步推动了资源共享、优势互补。平台引入的流量会随着链接的增多而增大，它能丰富平台的资源，释放更大的潜能，由此产生更高的价值。

（4）基于大数据精算账户

在互联网金融平台广泛联结的前提下，传统的储蓄账户、为了提升支付便捷性而开设的支付账户等均可以将个人各种形式的金融资产有机结合起来，作为消费行为的切入点与落脚点，这些账户彰显了个人资产的商业价值。同一账户集聚了大量货币资产、金融产品与业务，不同的投资类型可以采用集成的方式管理分级账户或者进行互相转化。此外，金融机构可以借助于账户这种运营单元，聚集客户的行为特点、消费能力等初始交易数据，并结合这些数据进行个性化推广，提升营销的准确度。对于互联网金融平台而言，用户可以通过账户更加便捷地获取综合金融服务，而平台运营主体可以为用户提供多样化的产品以及服务。由此可见，金融机构要想获取大量的金融资源，就应建立规模较大的账户体系；在互联网金融迅猛发展的形势下，要想把握市场机遇并在市场竞争中占据有利地位，就应提升账户体系的开发、运营效率。

（5）自我进化的生态圈

目前，互联网金融逐步呈现出生态化的发展趋势，这与账户的不断创新、平台的广泛联结密切相关。首先，电子商务平台具有一定的延伸效应，在这种效应的影响下，平台可以衍生出多样化的金融产品，并为用户提供更多的增值服务，用户可按照平台、入口，选择多样化的产品与服务。其次，电子商务中的金融要素可以通过平台进一步衍生，形成互相依存、互相促进、融合发展的生态环境，从而在互联网金融领域建立自我更新的生态圈，为客户提供综合的互联网服务。例如，百度、阿里巴巴、腾讯三大互联网巨头均将特定服务作为切入点，建立电商、支付等平台，并积极建立娱乐、餐饮等生态圈，覆盖了多种应用场景。

（6）便利的普惠金融

金融的普惠性体现在互联网金融平台对客户的服务改善方面。过去，在各种因素的影响下，一些难以获取有效服务的群体可通过互联网享受到相关服务，这在小微公司的服务领域具有明显表现。首先，金融服务的交流以及交易成本会因网络技术低廉的边际成本而大幅下降，小微企业等过去未能全面获得银行服务的客户日益受到银行的重视。其次，大数据等新技术的诞生为银行实时了解客户的信息提供了有力支持，提升了银行的风控能力，使得小微企业难以获得融资的困境得到缓解。随着互联网技术的广泛应用，偏远地区的信息障碍将被打破，实体经济将被互联网经济赶超，金融服务的普惠性进一步凸显出来，将覆盖越来越多的群体。

1.2.2　居民消费

一般情况下，消费是指使人们的特定需求得到满足的行为，是个体在生产生活阶段通过支付一定费用获取有形产品或无形服务的过程。可以将广义上的消费细分为以下类型：其一，生产消费，生产阶段产生的各类生产资源、劳动者脑力以及体力的损耗；其二，生活消费，即为使个体或家庭的生活需求得到满足而对产品或劳务的使用与损耗。

消费经济学主要将日常生活消费作为研究对象，而非将生产消费作为研究对象。在社会再生产阶段，消费占据着重要地位，它与生产等环节息息相关。在当代社会经济中，消费经济的重要性正不断凸显出来。大体上，可以将居民消费划分为商品性消费、服务性消费、住房及能源资源消费、自给性消费。具体而言，第一种是指居民购买食物、服饰等实物产品所产生的消费支出；第二种是指居民购买交通等各种服务产品产生的消费支出；第三种是指居民购买住房产生的支出和使用水、电、燃气等能源资源产生的支出；第四种是指农民自给自足模式中的产品消费。

消费理论指出，收入是对居民消费支出带来影响的主要因素，但居民消费存在边际效用递减的规律，加上易于因"棘轮效应"而受到一定影响，这导致居民消费不会出现与收入同比例的增减变化。另外，居民会结合家庭的未来预期收入与支出做出合理的消费决策，未来发展形势不明朗、未来支出增加、预期收入下降等因素都会对当期消费带来负面影响，使居民更倾向于做出储蓄的选择，而未来发展形势较为明确、预期支出下降、预期收入增加等因素均能对居民当期消费起到一定的刺激作用，使他们减少当期储蓄。

在对居民生活水平进行考察时，往往会用到居民消费这项指标。自我国进行改革开放以来，已有40余年，在这段时间内，国民的生活质量得到了空前的提升，居民消费是对居民生活水平进行评估的重要指标，这项指标发生了巨大变化，具体体现在消费支出总量以及结构等方面。消费支出整体呈稳定上升发展趋势，从1978年的平均186.03元至2021年的人均24 100元，整体增长了128.55倍。

依据消费经济理论，在国民人均收入水平不断提升的情况下，居民消费水平也会发生同步变化。但自我国推行对外开放政策以来，面临的现状是居民消费率不断下降，如图1-1所示：

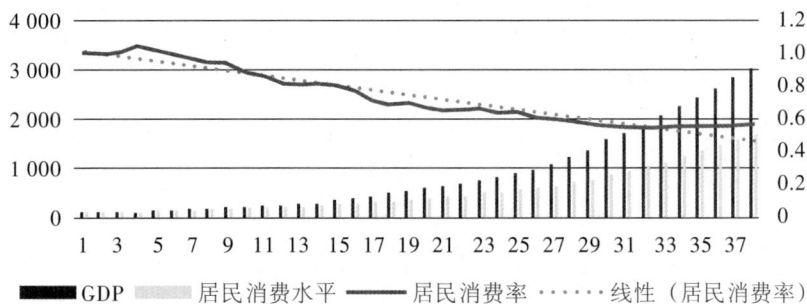

图1-1 中 GDP ▮▮▮ 居民消费水平 ░░░ 居民消费率 ——— 线性(居民消费率) ·····

图1-1　1978—2021年居民消费率变化趋势图（单位：百亿元，%）

图1-1直观说明了我国居民消费水平虽逐渐升高，但居民消费率不断下滑。2021年这一指标下降至0.56，比1980年的1.03下降了45.6%。这种情况不但明显低于美、日等经济发达国家，而且比"钱纳里"标准低。从中不难看出，国民消费水平有较大的增长空间。必须进一步刺激居民消费，充分发挥其拉动经济发展的作用。

1.2.3　消费需求

消费者对产品的需要以及购买意向即为消费需求。

消费需求既具有宏观属性，又具有微观属性。消费需求的宏观属性是指消费是国民收入核算的重要组成部分，对于保持总需求的稳定性而言极为重要。在较短的时间内，可以采用增加投资、增加净出口的方式促进经济发展，但长期来看，假如消费需求无法持续，那么增加投资对于产出增长的促进作用无法被消费增进所消化，进而出现市场供应与需求不对称的情况，使生产、经济的稳定运行面临较大的风险。因此，在国民经济中，消费占据着重要地位，这是由消费需求的宏观属性决定的，宏观消费时序具有定性的特点，这也决定着消费会发生增长、波动变化，可采用推断、验证等方法确定消费需求。

另外，消费需求也具备微观属性，消费主体与客体的性质是不同的，这就意味着，在消费阶段，社会等因素会对消费者的行为动因、对象与效果带来一定影响，所表现出的时代、群体、地域特点存在一定差异。消费需求所具备的这种属性反映为消费者在特定收入的限制下所做出的自由意志决策。消费需求的变化与增长，与个体的内心满足程度息息相关。因此，在一定意义上，这种属性也注重消费变化与增长所带来的经济福祉效应，并且更为注重行为主体在偏好方面存在的差异，这种差异性体现在特定的消费结构以及习惯中。

可通过特定的消费结构将消费需求所具备的宏观、微观属性反映出来。消费结构由多个消费群体构成，这也是广义层面的含义。例如，将最终消费划分为居民消费、政府消费，前者可以进一步划分为城镇居民消费、农村居民消费，并可以依照收入将消费群体划分为不同类型，这种分类方式也被称为消费分层。

1.2.4 消费增进

历经多年发展，我国的消费需求结构发生了极大变化。消费成为"三驾马车"中的重要驱动力。2021 年，居民消费对我国经济发展做出了 65% 的贡献。社会消费品零售总额从 2012 年的 20.6 万亿元增长到 2020 年的 39.2 万亿元，8 年翻了近一番。中国已经成为全球第二大消费市场。[20] 此外，随着国民经济的不断发展，很多居民已步入中高收入阶层，消费也转入需求不断增长、结构快速升级的黄金阶段。我们应顺应时代发展趋势，勇于创新，刺激居民消费需求，通过内需的增长来带动经济发展，使民众获得更大的福利。要扩大消费，须从多个方面进行努力，如同小溪汇聚成大河，将消费政策和环境的改善与提升消费水平结合起来，使民众的消费需求得到满足并对传统消费进行升级。消费增进蕴含着民众福利提高、国家发展的希望，它是社会文明不断发展的象征。在人口素质结构不断优化、科学技术不断进步、民众收入水平不断提升的形势下，居民消费发生了各种变化，不再一味注重数量、消费物质产品、从众式消费，而是逐渐转变为注重品质、消费更多的精神产品、进行差异化消费。在这种形势下，应顺应形势，适度扩大消费，进行消费升级，使消费者形成良好的新型消费观。

1.2.5 消费结构

消费结构研究结合居民消费现状进行归类、分析。其中涉及对消费主体与客体的研究，前者是指多样化的消费群体，后者是指消费对象以及内容，可以从宏观、微观视角进行研究。最初，人们将消费结构界定为人们在特定时间损耗、使用的物料或服务、精神产品的构成，人们使用多样化的单位来描述消费结构。假如切换视角，关注交换过程而非使用过程，就能使用货币进行统一度量消费结构，从而将消费支出的结构反映出来。

在对消费结构的含义进行界定时，我国不少学者提出了很多不同的观点，但大体上可以划分为以下几种类型：

尹世杰（2003）从消费目标的视角定义了消费结构：在消费阶段，人们消费的各类消费资料的比例关系即为消费结构。[21]于光远（2015）将社会属性作为侧重点对消费结构进行了界定。他指出，消费结构包含了各种消费资料与劳务的数量关系、不同集团的消费比例、社会以及个人分配的消费品的消费比例、各类消费行为的比例。[22]也有学者指出，可以将消费结构划分为居民消费储蓄结构与支出结构两个层次，消费结构是二者的有机结合。[23]鉴于消费需求是特定时期社会对不同产业的产出具有消费能力的需求，在市场总需求中占据着重要地位，王云川（1994）指出，一般情况下，消费结构仅将消费需求形成的结构反映出来，它是"过去式"的，而对于尚未实现的消费结构，应使用消费需求结构进行表述，即对消费者支付能力范围以内的消费需求比例进行宏观考察。[24]对以上消费结构的概念进行全面分析以后，可以从实物、价值形式两个层面来界定居民消费结构的含义。前者是指在生活中，人们消费了哪些消费资料及其具体数量。居民往往会为了满足自身生存、发展需求而消费各种类型的消费资料。对居民消费结构形式进行研究，能够帮助企业明确各类消费资料的生产数量，为产业结构的改善提供有力支持，使之顺应消费结构的优化趋势。

合理的消费结构是市场供给与需求共同作用的结果，它是一个相对概念，这一概念是动态变化的，是产业甚至国家经济结构合理化的基础。对于改善产业结构、革新技术、推动经济平稳发展、提升居民消费质量、提升个体综合素养、促进人的综合发展、推动社会进步而言，合理的消费结构都极为重要。此外，居民消费结构应为居民消费质量的不断提升提供有力保障，进一步提升享受型、发展型消费资料的支出占比。合理的消费结构应将其引导作用发挥出来，将经济效率、消费差异反映出来，从而促使居民积极消费、进行创新性消费，将社会公平与经济效益有机结合起来。

1.3 研究的主要内容和研究方法

1.3.1 研究的主要内容

国内外关于互联网金融对消费的影响做了大量有益的研究工作，主要结论为，互联网金融可以通过平滑、保障和增值效应缓解流动性约束，影响计划性储蓄动机、预防性储蓄动机，刺激消费需求，改善消费结构。既有研究证实了互联网金融发展对消费需求、消费增进及消费结构升级的促进作用，但对于三者相互作用的系统性研究尚未展开。本书结合现代消费理论、金融发展理论，对互联网金融影响我国居民消费需求及消费结构的作用机制进行了理论分析和实证检验，为引导发挥互联网金融在经济发展转型中的功能提供具有理论意义与实践意义的参考依据。本书的研究内容与行文思路如下：

第1章为"绪论"，对本书的研究背景进行介绍，阐述本书的研究主题，之后对本书的研究目标与价值进行了简介。

第2章为"理论基础与文献综述"，对金融发展理论和经典消费理论及国内外相关研究进行梳理总结。

第3章为"互联网金融对居民消费的影响机制"，分析了互联网金融业务模式及其对消费影响的作用机制。

第4、5、6章分别为"互联网金融对消费需求影响的实证分析""互联网金融对消费增进效应的实证分析""互联网金融对消费结构影响的实证分析"。互联网金融促进了消费需求的增长，进而改变了消费结构，量变引发质变，对经济增长的促进作用尤为显著。

第7章为"主要结论、对策和建议"。根据实证分析研究结论及现实背景，有针对性地提出了发展互联网金融、促进社会消费的政策建议。

1.3.2　研究方法

互联网金融已经融入居民生活中，成为常见的金融工具，影响着居民的消费行为和习惯，从而改变了居民的消费需求和社会消费结构。因此，本书重点从消费需求、消费增进和消费结构三个角度出发，采用多样化的方法进行全面研究，试图建立较为缜密的研究框架，在理论研究的基础上进行实证研究，从而提出较为可靠的结论。本书采用的研究方法主要有以下几种：

（1）实证研究与规范研究相结合

通过对互联网金融对我国居民消费影响的实证研究，考察互联网金融对我国居民消费需求、消费增进及消费结构的影响。基于实证研究、规范研究，发现互联网金融存在的问题及引发该问题的主要因素，并探索问题的解决方案。

（2）统计、数量分析

本书以金融发展理论、消费理论为基础，应用北京大学互联网金融发展指数和中国居民消费统计等相关数据，采用 Eviews、Stata 等统计和计量分析工具，系统地分析互联网金融对居民消费需求、消费增进及消费结构的影响，力求使结论更具有科学性和实效性。

（3）静态分析与动态分析相结合

任何一种事物都不是静止不变的，消费结构也是如此，在社会环境不断变化的情况下，消费结构也会随之改变。本书对互联网金融、消费结构的发展现状与方向等进行动态研究，并从时间和空间两个角度对互联网金融与居民消费的变化情况进行动态研究，通过采用这种动静结合的研究方式，将互联网金融对我国居民消费需求、消费增进与结构的影响如实反映出来。

研究的技术路线图如图1-2所示。

互联网金融、消费增进与消费结构

理论分析 → 理论基础与文献综述　　影响机制

现状分析 → 金融发展理论　消费理论　互联网金融对居民消费的影响　互联网金融对消费需求的影响机制　互联网金融对消费增长的影响机制　互联网金融对消费结构的影响机制

实证研究 → 实证研究

互联网金融对居民消费需求影响的实证研究

互联网金融对居民消费增长影响的实证研究

互联网金融对居民消费结构影响的实证研究

政策建议 → 结论与建议

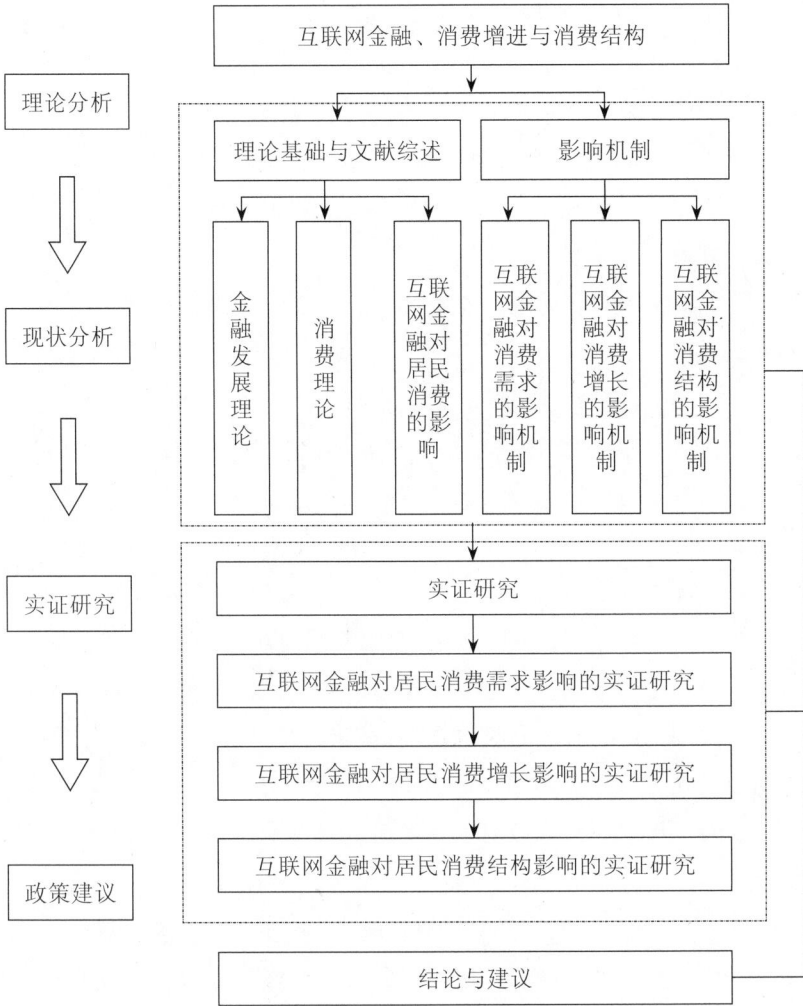

图 1-2　研究的技术路线图

1.4　研究创新与不足

1.4.1　研究的创新之处

国民经济将生活资料生产、物品与资源交换、物品与资源分配、产品消费四个环节有机结合起来。在国民经济的循环发展阶段，消费占据着主导地位,它是生产目的。消费需求与结构则是重要内容,它会推动或抑制经济的发展,同时也是经济发展的产物。因此,研究互联网金融与消费需求、消费增进及消费结构的关系,能进一步认识互联网金融的积极作用,而且能为消费结构的改善、消费质量的提升提供有力支持。这在理论以及实践层面上,均有积极意义。本书的创新点集中体现在以下方面:

首先,研究互联网金融与消费需求的关系、与消费增进的关系、与消费结构的关系,能够更好地发现互联网金融对居民消费的影响作用,从而帮助对居民消费结构的优化方式进行积极探索。无论在哪个范畴的经济学研究中,消费结构都占据着重要地位,学者们在研究消费结构时,需要将理论与实践统一起来进行研究,进而探索消费问题的解决方法,拓展研究角度。事实上,消费结构研究将消费需求结构作为研究样本,它将一国的经济发展状况、消费能力与特点以及走向反映出来,并在某种意义上总结不同消费行为的变化规律和重要影响。因此,本书使用北京大学发布的互联网金融发展指数,将永久收入假说等作为理论依据,建立模型来研究互联网金融对消费需求的影响。所得研究成果能够将理论与实践有机结合起来,更加深入地了解互联网金融对社会消费变化的影响与发展动向,为政府更好地制定宏观政策、优化居民消费结构提供理论支撑。

其次,消费是社会生产的终极目标。后疫情时代的一个重要切入点就是增加居民消费,从而更好地实现产业、市场、社会循环。在面向居民消费需求的市场环境中,居民消费结构会随着人们收入水平的提升而不断优化,而产业结构会随着消费结构的不断升级而改善,为经济的持续、健康发展起到良好的促进作用。经济发展体现在经济规模的增长与经济结构的变化两个层面上,二者互相影响、相得益彰,这就意味着经济规模的增长会导致经济结构发生相应变化,经济结构的变化能为经济增长起到一定的带动作用。

当前,我国正在推行"增加内在需求""促使经济增长趋势保持稳定"的经济政策。"增加内在需求"和"促使经济增长保持稳定"被视作国民经济发展的主要治理内容,其治理作用以治标为主,而"改善经济结构"则表现为治本的性质。历经多年发展，我国已步入经济结构改善的黄金阶段。因此，需要快速改善居民消费结构，进而为国民经济的持续发展提供有力保障。经济规模增长与消费结构的改善之间互相影响、相得益彰。经济规模的增长是消费结构改善的前提条件，消费结构的改善会促进经济规模实现进一步增长。

最后，在互联网金融不断发展的形势下，本书对居民消费的变化规律进行研究，探索更好的方案来刺激居民的消费需求与消费行为、改善居民消费结构，将消费动能进一步释放出来。我国在为基本消费提供保障的同时，也应促使居民更好地实现消费升级目标。目前，我国经济正面临着前所未有的变局，疫情对经济发展造成的冲击仍旧存在，我国正在采取一系列措施进行调整，在这种形势下，促进线上经济的发展是应对后疫情时代的挑战、使经济基本保持稳定的有效措施。消费是终极生产目标，刺激居民消费是应对经济下行的有效措施之一，能够激发产业以及市场活力，实现经济社会正常循环。本书将消费理论等作为理论依据，研究了互联网金融对国民消费需求与结构的影响，并进行了实证检验。结合本书所得研究结论，从降低不确定性、增加居民收入、促进消费金融的发展三个层面提出了相应的解决方案，从而刺激社会消费、挖掘消费潜能。

1.4.2 研究的不足之处

由于本书所获取的研究数据较为有限，加上本人才疏学浅，本书难免存在各种疏漏之处，具体问题如下：

（1）在当代消费理论的研究阶段，随着对持久收入假说"完美假设"的放松、流动性约束等因素的加入，消费理论变得日益错综复杂。本书仅结合实际对互联网金融与居民消费需求以及结构的变化进行了局部研究，并未总结出一个整体的理论框架，导致本书的研究仍存在一定缺陷。因此，出于对这种缺陷的考虑，应建立一个与我国国情相符、对互联网金融与居民消费关系进行全面描述的理论框架。

（2）因获取的数据较为有限，本书在实证研究中使用的数据仅能使用总量加总数据。这种研究方法尽管得到了普遍应用，但无法将样本的特点体现出来。例如，我国不同地区在居民收入水平、电商发展水平以及经济发展水平方面存在显著差异，加总数据无法将不同情况下的消费需求、消费增进与消费结构差异全面体现出来。因此，为了提升实证研究结果的精准度与合理性，后期应使用更加全面的数据进行研究。

2 理论基础与文献综述

2.1 理论基础

2.1.1 金融发展理论

金融发展理论是在时代发展趋势下产生的，金融发展理论不是一成不变的，它有着丰富多彩的理论内容，这些内容反映了不同时代的特点。

对于金融发展问题的研究可以追溯到戈德史密斯（Goldsmith，1969），他在《金融结构与金融发展》一书中，把金融结构界定为各种金融工具、金融机构的相对规模，并将金融发展界定为金融结构的变化。学者们在进行后续研究时，深受这种定义方法的影响。学者们基于该理论，通过进一步研究，衍生出了多样化的理论，具体如下：

（1）金融结构理论

格利和肖于1955—1967年对金融发展理论进行了研究，并发表了三篇文章，由此开创了对金融发展理论进行探究的先河。1969年，戈德史密斯出版了《金融结构与金融发展》，这部著作的出版为该理论的形成起到了奠基作用。金融结构理论指出，金融包含三个部分：其一，国债、股票等金融工具；其二，银行、保险等金融机构；其三，金融结构。在一定意义上，某一国家的金融发展程度可通过金融结构的发展水平来表征。他提出的金融相关比率（FIR）可用来衡量一国的金融发展水平。

经济发展由货币经济体系中的金融、实质部门共同发展而来。金融发展注重对金融部门发展过程、面临的问题性质进行研究，从而对部门的活动贡献进行分析。学者们对这一领域的研究集中于推动经济活动变化的各类非经济因素，并对这些因素对经济发展轨迹的影响进行研究。

生命周期消费理论（又称生命周期假说）由弗朗科·莫迪利安尼等人提出，该理论指出，在较长的时间内，人们会对自身生活消费开支进行计划，进而在完整生命周期内使消费处于最佳状态。因此在这种情形下，人们的预期收入会随着利息的增加而发生同步变化，后期收益的增加也会对居民的当前消费带来积极影响。毋庸置疑的是，利率的提升会增强人们的储蓄意愿，人们更倾向于通过储蓄获取更高的利息收入，进而减少现期消费。多样化的基金产品等互联网金融产品吸引了一些用户使用个人收入进行理财，特别是一些货币型基金。而在特定时间内，人们的收入并不会发生明显变化，人们的现期收入会随着投资份额的增多而减少，但这并不意味着人们的消费能力会随着互联网金融的崛起而下降，这是由于人们的消费会随着个人收入的增加而增加。因此，互联网金融推出的这些增值服务能够帮助人们缓解贷款困境，使人们在完整生命周期内获得更高的收入，从某种意义上，对居民进行即期消费起到了一定的刺激作用。

（2）金融深化理论

学者们基于金融发展理论，进一步延伸提出了金融结构理论，并针对该理论的缺陷，又提出了弥补该理论缺陷的金融深化理论。麦金农和肖于1973年出版了经济学著作，使金融深化理论得以切实形成。通过将发展中国家作为研究样本对金融发展进行研究，两位学者指出这些国家会因不完善的金融机构而引发金融抑制问题,进而对经济增长带来负面影响,又会因政府未能对资源进行科学分配,无法将金融机构的融资作用全面发挥出来,并由此提出金融深化理论。该理论着重指出,政府应放宽金融管制,推行利率自由化,这在理论层面上为这些国家的金融改革起到了一定的奠基作用。他们提出 M2/GDP 指标,该指标依照一国的货币化水平来对其金融发展程度进行考察。

(3)金融发展功能理论

金融发展功能理论由默顿、金、莱文于 20 世纪 90 年代初期提出。他们指出金融功能体现在对全要素生产力的促进作用方面,是基本稳定的。金融发展功能理论指出,金融体系的基本功能在于在充满风险的环境中,打破时空因素的限制,对稀缺资源进行高效分配,并提供配套服务,从而为实体经济的发展提供有力支持。金融功能决定着金融机构的具体形态,金融体系的功能会随着金融机构的不断竞争与创新发展而不断改善。该理论指出金融机构仅能提供固定的经济功能,并尝试探索更好的制度,进而将固定功能发挥出来。这些学者还设计了 Depth 指标、Bank 指标、Private 指标和 Privy 指标,用于对金融功能进行考察。白钦先等(2006)将金融功能分成基础、核心、扩张、衍生四个层次,分别指支付与服务中介功能、资源分配功能、经济因素与风险防范功能、信息发布与传递以及风险分散功能。

伴随着金融业的快速发展和推进,金融已成为当代经济发展的关键。当代经济发展也已经变化为金融经济发展。金融在现代化经济发展中的影响力可以从 6 个层面体现出来:①经济货币化水平加深;②基本形成以银行业为中心的多样化金融管理体系;③金融自主创新朝气蓬勃,货币方式持续转变;④货币的持有动机发生了变化;⑤金融管理与控制已成为主要的宏观经济调控方式;⑥当代经济发展呈现出了金融进一步发展的典型特点。

(4)金融发展资源论

金融发展资源论是一种新的金融发展观。白钦先(2006)指出,金融功能的进步体现在衍生与升级方面,这也是金融发展的要义,可以将金融功能分为以下层次:①基础功能,具体体现在服务与中介功能方面；②核心功能，具体体现在资源分配方面；③扩展功能，具体体现在风险防范以及经济调控方面；④衍生功能，具体体现在微观风险管理与宏观调节方面。金融这种资源具备一定的稀缺性，并且具有双重性，金融是资源分配的对象，具备普通的资源属性，也是其他资源分配的方法与机制，资源属性是特殊的。该理论将金融资源分为三个层次：（1）基础性和新金融资源，即冠以的货币资本或资金，是金融资源的最基本层次；（2）实体性中间金融资源，是金融资源的中间层次，包括金融组织体系和金融工具体系两大类；（3）整体功能型高层次金融资源，是金融资源的最高层次，是货币资金运动与金融体系、金融各体系之间相互作用、相互影响的结果。

该理论不但对金融机构进行研究，也对金融功能进行研究；该理论从宏观、微观两个层面对金融进行研究；该理论兼顾量性、质性金融的发展，并尽可能地将二者有机结合起来。这种综合研究方法使该理论的阐释能力得到大幅提升，并扩大了该理论的应用范围，可以对金融体系的宏观功能形成整体把握，也能对具体实现与改善方式进行探究，进而提升研究结果的科学性与系统性。

按照金融发展资源论，金融发展是通过金融功能的改善来提供更加优质的服务。

（5）长尾理论

长尾这个词是《连线》（Wired）杂志主编德克尔在 2004 年首次提出的，用以叙述 Amazon 和 Netflix 等平台的商务和经济体制。它由三部分构成：一是畅销产品向 Niches 转型发展，二是富有经济发展，三是许多小销售市场集聚在一个大市场。长尾理论应满足以下要求：①商品存储流通渠道以及范围较为广泛；②产品生产成本极低，所有个体都能进行生产；③产品的营销成本极低，所有个体都能进行营销。它做出经济丰饶的假设，以帮助需求方实现规模经济效应为目标，兼顾 20% 的利基市场，使客户的差异化需求得到满足。

"长尾市场"为互联网金融提供了具有良好发展空间的"处女地"。在欠发达国家，收入水平较低或处于中等水平的群体、小微企业的金融服务需求往往无法得到满足，这与金融抑制、金融机构的服务倾向息息相关，由此形成了规模较大的"长尾市场"。在该市场中，如果金融机构能充分挖掘"普惠金融"的潜力，就能产生"滚雪球"效应，使金融机构获得丰厚的利润，获得宝贵的机会。互联网金融的优点在于，可以使用前沿的理念以及技术，在减少成本投入的情况下，对具有良好发展空间的"长尾市场"进行高效开发，进而拥有良好的发展前景。

（6）金融中介理论

金融中介理论解释了金融中介的运行原理。互联网金融以互联网为中介，可以使用该理论对互联网金融的合理性、发展走向进行阐释、探究。作为一种新型金融中介，互联网金融以网络化方式实现了资源的高效分配，它具有传统金融市场、中介机构所不具备的优势，可以大幅度降低交易成本。

在互联网金融模式下，云计算等高效技术的应用能够大幅改善信息不对称的问题，简化了券商等中介机构的交易环节，能够大幅降低交易成本；可通过互联网渠道来发行股票、债券等金融产品并进行金融交易，实现线上支付，提升了市场的有效性，市场接近一般均衡定理描述的"无金融中介"状态。

在这种金融模式下，资金供需双方直接交易，可达到与资本市场直接融资和银行间接融资一样的资源配置效率，并在促进经济增长的同时，大幅降低交易成本。在供应与需求信息近乎完全对等、交易成本极低的情况下，互联网金融模式建立了"全面交易的可能性集合"，能够帮助中小企业化解融资困境，为用户提供多样化的理财渠道等。在这种资源分配方式下，可同步进行交易，提升信息的公开度，提升定价的有效性，进而为社会创造更大的福利。这种模式将市场的公正度最大化，为供应方、需求方提供了公正的机会。

总而言之，在互联网金融模式下，居民可以更加方便、快捷地进行支付，它将信息的不对称水平最小化，资金供应方以及需求方可以直接进行交易，无须通过银行等中介机构进行交易。在这种模式下，互联网平台本身就能将资金供需双方连接起来，它简化了金融中介的环节。传统金融模式下，资金供应方与需求方需要通过金融中介进行连接。因此，互联网金融形成了"充分交易可能性集合"，双方或多方交易可以同时进行，信息充分透明，定价完全竞争。

在网络技术不断发展、数字化水平逐步提升的形势下，新型金融工具的推出与发展使得交易成本得以大幅下降，从而导致中介机构的价值不断下降，使得金融中介在金融体系中的重要性有所下降，这也是金融脱媒的主要原因。

2.1.2　消费理论

有关研究的结论表明，影响居民消费行为的因素可以通过消费函数来体现，这个函数当中包含了所有的关键变量，可以通过这些变量分析消费的基本原理。对该函数进行研究、提出消费需求理论的目的在于将居民消费的效应全面发挥出来。消费利益最大化，可以发展到函数关系。现有的函数关系主要包含可支配收入、价格两项内容。随着科学研究和时代的深入发展，简易的消费函数不再完全适用居民消费行为分析，经济学研究者在消费函数公式中添加了新的影响因素，产生了多种新的消费基础理论。

（1）凯恩斯的绝对收入假说

凯恩斯在《就业、利息和货币通论》中将消费与收入水平相联系，并用消费倾向等概念来分析两者之间的关系。凯恩斯的消费函数理论一般被称为绝对收入假说（Absolute Income Hypothesis，AIH），把消费开支视作可支配收入的函数公式为：

$$C = f(y) \tag{2-1}$$

其中，C表示消费开支，y表示可支配收入。此外，凯恩斯理论还发现存有边界消费趋向递减规律性。换句话说，可支配收入增加，消费水平提高，但是消费开支在可支配收入中的比例减小。这里，凯恩斯理论用线性方式表示为：

$$C = a + \beta y + \mu, \ (\alpha > 0, \ 1 > \beta > 0) \tag{2-2}$$

上式中列举了保持日常生活需要的基本消费开支。消费趋向指的是可支配收入与消费开支的弹性系数，这也是表明可支配收入造成的消费开支的偏差项。从边界消费趋向来看，规律性不再明显，而且均值消费也在慢慢下降，边界消费逐渐低于均值消费。从社会发展收入分配均值来看，均值消费呈现上升的趋势。社会发展收入分配越不匀称，均值消费趋向越低。

（2）杜森伯里的相对收入假说

杜森伯里（Duesenberry，1952）并不认可凯恩斯理论，他认为消费不仅受可支配收入和消费趋于降低的周期性影响，他通过相对性收入假设的引入（对RIH进行全面考虑），认为消费应以相对收入水准为导向，而非以本期确定收入水准为导向，在消费函数公式中引入收入，本期收入以及最大可支配收入均会对消费水平及本期示范作用的棘轮效应带来一定影响。杜森伯里指出，在较短的时间内，随着经济周期的变化，消费函数公式也会发生相应变化，短期内均值消费趋向很有可能偏离平稳值，长期性消费函数公式在示范作用和棘轮效应双向功能下，使均值消费趋向自始至终保持良好的比率关联：

$$C_{it} = ay_{it} + \beta \bar{y}_i + \gamma y_{it0} + \mu \qquad (2-3)$$

其中，C_{it} 表示第 i 个个体 t 期的消费支出，y_{it} 表示第 i 个个体 t 期的可支配收入，$\bar{y}_i = \sum y_{it}/n$ 表示 t 期个体所属群体的平均可支配收入，且 a，β，$\gamma > 0$，$a + \beta + \gamma \leq 1$，$\mu$ 为误差项。

短期内在示范效应的作用下，给定时期 t 时，式（2-3）简化为：

$$C_i = \alpha y_i + \beta \bar{y} \qquad (2-4)$$

式（2-5）是一种经典的短期消费函数。体现消费者棘轮效应的消费函数如下：

$$C_i = \alpha y_i + \beta y_0 \qquad (2-5)$$

相对收入假说提出相对收入水平直接影响消费开支。相对收入假说认为消费者作为消费行为的主体，他们的消费有一定棘轮效应和示范作用，和绝对收入假说比较有较大进步。为了更好地说明绝对收入假说和相对收入假说，布伦伯格、安东、弗里德曼提出了生命周期假说与持久收入假说。

（3）互为补充的生命周期假说与持久收入假说

基于费雪所提出的消费者基础理论，布伦伯格和安东提出了生命周期假说（the Life-Cycle Hypothesis，LCH），同时弗里德曼基于该理论提出了持久收入假说。生命周期假说指出人们的消费行为会因自身获取的财富以及一生的收入等多方面的因素而受到一定影响，其函数表达公式为"C=aW+βY"，在该表达式中，W代表了消费者积累的财富，Y为消费者的收入，a与β分别代表消费者财富和收入的边际消费倾向。

另外生命周期假说还认为，消费者在某一时期的消费取决于恒久收入，而不是短期收入。每个人按照一生中所有可能得到的收入来进行消费以及存款的分配，继而使得分配能够有所提高。该学说相对应的消费函数见公式（2-6）。

$$C = aY \tag{2-6}$$

青年人本人收入低，消费高过收入，消费趋向高；收入伴随着年纪的提高慢慢高过消费，除偿还年轻时所欠的负债外，还能够留有结余，进行消费的欲望有所下降；在退休之后，具有象征性的本人的消费趋向又发生改变，在此阶段，收入水平有所下降，在消费时，主要使用的是之前工作所积累的存款。

按照弗里德曼提出的持久收入假说，消费者现阶段的收入应当分成持久收入Y和临时收入YT两个部分，由于持久收入会给消费者的消费带来决定性影响，而消费者选择将所获取的大多数临时收入存储起来，不用作消费支出，因此消费函数公式"C=aY"基于这一思想，认为消费的变化是无法预测的。

基于"现金余额理论"，弗里德曼（1957）提出以下观点：仅凭当前获取的收入来确定消费额度存在极为片面的问题。他通过对收入以及消费进行研究得出以下结论：消费者前期的惯性消费开支会对其持久以及临时消费的差异带来重要影响。消费者早期收入的平均数值是与其消费水平相吻合的稳定收入，是消费者预期获取的长期收入。其中，假如居民消费与持续收入存在比例关系，则有：

$$C_p = k(i, w, u)Y_p, \ k > 0 \tag{2-7}$$

$$Y = Y_p + Y = Y_t \tag{2-8}$$

$$C = C_p + C_t \tag{2-9}$$

其中，Y、Y_p、Y_t分别有着不同的含义，Y表示全部当期收入、Y_p

表示持久收入，Y_t表示暂时收入；C、C_p、C_t则与Y、Y_p、Y_t相对应，C表示全部当期消费，C_p表示持久消费，C_t表示暂时消费。以上函数是基于持久收入假说提出的数学消费函数。弗里德曼在研究的过程中发现，家庭组成以及年龄等因素都是影响总消费函数的因素，要得到该函数，不能仅仅将个体消费函数相加求和。

20世纪50年代至今，这两个基础理论在实证分析中具有主要影响力，但无法通过直接观察了解其中涉及的预期收入和资产，也无法得到与之相关的测算数据信息。所以，费里德曼根据当前和以往的收益人的加权平均数对持久收入进行估算。在假定权数不断增加的情况下，所得估算结果接近于适应性预期假设。20世纪70年代中后期至今，西方工业国几乎深陷了"滞胀"的窘境，在此背景下，通过LCH以及PIH得到的预估数据的精密度明显下降。依照消费过多敏感度实体模型，申朴、刘康兵（2003）选择我国1982—2000年的宏观经济数据，应用工具变量法工作经验剖析转型期城镇居民消费个人行为及影响因素，指出居民现阶段的消费会受到居民现阶段获取的收入的显著影响。

（4）霍尔的随机游走假说

本质上来说，生命周期假说、持久收入假说存在前瞻性的函数本质与后顾性的模型设计以及算法相冲突的问题。霍尔基于这两种假说使用随机方法进行了修正，提出随机游走假说。他指出消费者在希望未来获得最大预期效用的情况下，未来边际效用规范的预估是在现阶段与其消费水准相对应的数学函数公式，这和资产、通胀率以及年化利率等其他信息不相干。我们也可以认为，当不考虑发展趋势时，边际效用是符合"马尔科夫链"的有关内容的。同时当边际效用的数学函数公式为消费线性方程时，其消费同样符合"马尔科夫链"的标准。因而，在线性消费函数公式的计算回归中，仅有延迟一段时间的消费才具备非零指数值，并且具备双重的现实意义：（1）当消费滞后的时间超过预期时，该消费原本所具备的针对现时消费的预测力也就消失了。（2）在较早的时期内得到的一系列与经济有关的变量并不能够对消费产生影响，消费并不能够被滞后的收入所解释，用期待效应取代效应处理可变性问题能够得到与消费者效用相关的数学函数：

$$U_t = E_t \Big[f\big(c_1,\ c_2,\ c_3,\ \cdots c_t,\ \cdots,\ c_T\big) \Big] \qquad (2\text{-}10)$$

其中，c_t 表示消费者在 t 时期内进行消费所支付的费用；$E_t[\cdot]$ 表示在 t 时期内，通过已经收集到的信息获得的具体的期望值；$f(\cdot)$ 表示在其他条件确定的前提下，消费者通过各期消费支出所得到的实际效用。

假如消费者在 t 时期做出特定决策，那么在这一阶段，消费者无法取消该决策，在经过 t 阶段以后，个体的消费行为会因预期价格等多样化的因素而受到一定影响。

（5）马蒂逊和麦克利尔等的流动性约束假说

在进行消费时，居民通过金融业或者非银行机构得到贷款将会受到一定的限制，这就是流动性约束假说的具体内容。在一般情况下，消费者所具有的财产不多、资产形式无法转变、个人信用销售市场信息的不对称、经营规模小、市场不发达等，会造成流动性限制。一方面，假如消费者遇到流动性限制，无论消费者预期收入是否提升，只能依靠目前收入保持较低的消费。另一方面，即使现阶段消费者不遭遇流动性限制，也可能会在将来因流动性风险而受到影响，为了避免后期收入减少的风险，消费者会做出减少本期消费、增加储蓄额度的决策。因此，在消费者受到流动性影响下，他们的消费需求会随之减弱，难以实现平滑消费的预期目标。

霍尔莱姆与麦斯基（Hallamp；Mishkin，1982）将消费分成两类，一类符合随机游走假说，另一类受到流动性约束，因而总消费函数公式可表达为：

$$C_t = C_{t-1} + \varnothing y_t + \varepsilon \qquad (2\text{-}11)$$

在遭受金融危机的影响或者处于经济转轨发展阶段时，不少国家居民会因各种难以预知的因素，而对未来失去安全感，导致居民的储蓄率骤然上升，居民的消费欲望大幅减弱，居民更倾向于采用积累财富的方式来提升安全感。Ashoka、Franziska 和 Damiano（2012）对日、美等27个发达国家进行研究，通过实证研究指出发展前景的未知性会对居民的储蓄率带来显著影响。通过使用 CES 中获取的数据进行分析，Carroll（1994）发现在发展前景不明朗的情况下，居民的当期消费会显著减少，二者呈负相关关系，并且这种相关性较为显著，并且当不确定性的标准偏差每新增一单位时，居民消费会降低2%~5%。

学者们采用实证分析方法，将失业率、标准偏差作为评估指标用于表征经济形势的不确定性，对预防性储蓄动机的模型进行了研究。学者们在研究中将以上指标作为解释变量融入方程中进行了回归分析，如果对当期消费产生了抑制作用，则表明经济形势是不确定的，在这种情况下，消费者就会为了防范未来可能出现的各种风险而产生较强的储蓄动机，由此导致消费者的消费欲望减弱。具体研究模型如（2-12）所示。

$$\Delta C_t = \mu + \lambda E_{t-1} \Delta Y_t + \beta \Delta C_{t-1} + \varepsilon_t \tag{2-12}$$

其中，ΔC_{t-1}表示不确定性因素的代理变量。

（6）利兰德的预防性储蓄假说

Shang-Jin Wei 和 Xiaobo Zhang（2009）、Yao Pan（2012）通过研究指出，储蓄率较高不但会导致经常账户出现盈余、外汇储备增多，使国际贸易争端变得日益严重，还会对国内市场的消费形势产生负面影响，对宏观经济形势产生负面影响。

自20世纪80年代以后，在较长的一段时间内，我国国民储蓄率都处于较高水平，高达30%~50%，远远高于我国GDP中投资的占比。自本世纪10年代以后，尽管该数据降低至30%以下，但储蓄率依旧相比其他国家较高。我国居民的储蓄率处于较高水平的原因可总结为以下要点：首先，按照莫迪利安尼（1970）提出的假说，我国人口基数大，劳动人口的年龄会对居民储蓄率的提升带来一定影响。其次，文化习惯具有一定的持续性，相较于西方国家的民众，我国民众更热衷于储蓄，并使后辈养成储蓄的习惯。最后，因未知风险，人们产生强烈的储蓄动机从而防范未来的各种风险。人们不但会通过储蓄来安度晚年，也会通过储蓄来防范未来面临的各种风险，消费者倾向于使用储蓄这种工具来化解意外风险。

当某个家庭因经济转型等因素而受到影响时，会面临较大的风险，从而对家庭的储蓄行为带来负面影响。Leland（1968）和Zeldes（1989）以未来面临的风险为切入点，对居民目前的消费水平进行研究，指出在难以确定未来收入的情况下，人们更倾向于采用储蓄的方式来防范未来面临的各种风险，人们的储蓄动机会随着不确定性的增大而发生同步变化。

2.2 文献综述

2.2.1 互联网金融研究综述

通过相关文献分析发现，学者们主要从互联网金融的模式、功能、相关影响、存在的问题以及风险等多个方面对其进行研究。

（1）互联网金融的本质

吴晓求（2014）将互联网金融视作一种全新的金融运行结构，认为其将在风险控制等多个方面对当前的金融体系造成一定冲击，推动整个金融结构改革[25]。邱冬阳等（2014）表明，互联网金融模式的诞生使得金融服务以及资源的分配不再受动时间、空间因素的限制，呈现出系统化、专业化、高效化和自动化的发展趋势，有效提高了金融服务的效率[26]。张金林（2022）认为互联网金融具有普惠性特征。他指出，互联网金融使得小微企业对于金融服务的便捷获取变得可行起来，并且与普惠金融的特点相符[27]。

2017年，中国互联网金融协会发布的互联网金融年报认为，互联网金融服务实体经济，发展普惠金融，便利了个人投资者和中小企业的投融资，为国民经济发展做出了积极贡献。沈杨嘉仪（2019）认为，互联网金融的第三方支付、网络借贷、移动支付等，均对国民的消费行为带来了显著影响[28]。邱冬阳和肖遥（2014）明确表示，金融是互联网金融的本质，通过将网络作为媒介以及工具，传统金融体系的功能可以通过技术手段实现、衍生和完善，其业务仍然是储蓄与取款、支付、结算，因此其实质和关键或是资产业务流程[29]。结合现阶段互联网公司所从事的金融业务的三种模式进行分析，它们对金融业务流程存在较大的依赖性，而非对网络技术存在较大的依赖性，因此互联网金融的本质并非互联网，而是金融，它只是利用互联网技术简化了交易流程，满足用户的需求、为用户提供了多元化的投资选择[30]。陈一稀（2013）指出，互联网金融实现了互联网、云计算等先进技术与传统金融行业的有机结合。相较于传统金融行业，互联网金融的特点集中反映在金融模式上，以其接近于零的边际成本，为用户提供免费的基础服务，实现无边界扩张，通过规模经济和范围经济促进整体经济增长[31]。

孙国贸（2015）明确表示，作为一种新型金融业态，互联网金融是基于网络精神、技术与金融商业模式的全面创新与结合而形成的。它反映了互联网共同分享、自主选择、兼容并蓄的精神，可以减少交易者的成本，使得传统金融效率较低的缺陷得到了改善，拓展了市场边界[32]。

（2）互联网金融的模式

谢平（2014）从资源分配、信息加工、支付方式三个层面对互联网金融的核心部分进行了研究。他指出互联网金融具有高效分配资源、控制交易成本、推动经济发展的作用，有助于建立良好的社会效益[33]。生蕾等（2018）指出，在将传统金融功能的优势全面发挥出来的同时，互联网金融不断改善金融产品，促进金融脱媒，改变传统的金融行业形态，改善金融监督管理制度，为经济的转轨发展、结构的优化提供了有效的金融需求。互联网金融从供需端对实体经济的发展起到了良好的推动作用，实现了信用贷款的高效分配，对各种要素进行了全面利用。网络支付使得个体、中小企业享有更加便捷的金融服务，使得人们的生活习惯、消费行为发生了巨大变化，这也将金融的开放性、包容性特点体现了出来[34]。

罗明雄（2014）分析了网络信贷等6种互联网金融方式。他强调，互联网金融还处在快速发展阶段，现阶段的归类仅是表层的，不包含BTC等新的互联网金融自主创新[35]。

邢译文（2016）指出，互联网金融的小额网贷、众筹模式的改革创新发展有助于改变原有的金融体系。在某种意义上，能促进我国快速实现利率市场化目标，提升金融发展水平[36]。

（3）互联网金融的经济效应研究

对于互联网金融影响的研究，大都围绕对传统金融业、经济增长、产业结构、消费水平、科技创新的影响展开。

周宇（2013）从消费者和金融机构的角度指出互联网使得传统金融

行业发生了巨大的变化，他指出，对于消费者来说，互联网金融能够简化金融交易手续，节省交易时间，加快交易速度。对传统金融机构的发展带来了严峻的挑战[37]。

罗微（2013）认为，互联网金融的迅猛发展对银行业产生了一定影响，如传统商行在支付、代理业务方面的运营收入正随着第三方支付的出现而受到极大影响。网络理财的交易手续较为简单，具有赎回率较低的特点，并凭借这些优势吸引了一些愿意通过承担较高的风险获得较高利润的投资者，如余额宝等互联网金融产品的诞生已对银行基本储蓄业务造成了一定冲击[38]。曹飞燕指出，基于大数据、云计算、近场支付等新一代互联网技术，互联网金融的快速创新发展使得银行原有的行业形态发生了变化，使得银行的运营理念与方式发生了变化，使得银行的价值链得到进一步延展，使得银行业的运营方式发生了变化，为银行业快速改革起到了一定的促进作用。互联网金融通过提供多边应用平台，为传统银行业的发展、改革创新提供了有力支持[39]。

在"金融促进论"中，Levine（2005）指出金融发展能减少对居民的束缚，使居民更加便捷地进行交易；此外，它能通过提供更多的工作岗位的方式刺激居民消费。刘亦文、丁李平、李毅等（2018）指出，互联网金融的广泛、深入发展能带动经济增长，对技术创新、居民消费起到了一定的正向刺激作用[40]。

谢平、邹传伟、刘海二等（2015）指出，互联网金融具备固有的普惠性，存在降低交易成本、减少中间环节、改变支付方式、提升信息的公开度、拓宽交易范围等优势[41]。

钱海章、陶云清、曹松威等（2020）的研究表明，数据普惠金融能够对我国经济高质量发展产生较为积极的影响，能够产生一定的推动作用，然而这一影响还具有单一门槛效应以及区域差异性[42]。

彭迪云、李阳（2015）认为互联网金融发展与产业结构升级存在正向关系。换句话说，金融发展可以加速产业结构升级和改进更新，改进中小型零星公司的企业融资条件和运营自然环境，持续提升产业布局合理性和高度化[43]。易信（2015）的研究表明，互联网金融可以在智能化发展趋势、数据设备、数据技术革新三个层面完善加工制造业产业布局[44]。

国内学者还从金融排斥角度研究数字金融对城乡居民收入的影响，如田杰等（2011）通过使用县域面板数据，研究分析了在我国农村地区存在的金融排斥与城乡收入差距两者之间可能存在的影响，得出结论：倘若农村地区的金融排斥有所加大，城乡之间的收入差距也会进一步增加，然而从区域层面上看，该正向效应并不完全相同，还具有一定的差异性[45]。张子豪等（2018）的研究结果表明，普惠金融的发展使得附近省域的居民的收入两极分化现象进一步加剧[46]。

孙继国等（2020）认为数字普惠金融对多方面产生了积极的影响。其一方面使金融的可得性有所增加，从而促进了农村地区的经济增长，带动了相关产业的发展，另一方面，还使农村地区存在的融资约束以及金融排斥的问题得到妥善的处理，能够在一定程度上缓解农村贫困[47]。

Dai-Won（2018）认为互联网金融可以为居民提供公正的金融服务，使得在社会中处于不利地位的群体能够享有金融支持，进而起到平滑消费的作用，实现对资源的科学分配，降低风险，获得更高的收入，有效提高居民消费水平[48]。互联网发展的前景和存在的问题也是众多学者研究的重点。周湘毅（2017）认为，互联网金融产品和服务更加多元化，更加贴近消费者的切身需求，具有较好的发展前景，应根据消费者的实际需求定制金融产品和服务，制定统一标准，对金融产品和服务进行约束和规范，让互联网金融的发展更加有序[49]。钱舒（2016）认为互联网金融业务具有多平台、多市场的特征，改变了客户的消费习惯[50]。

2.2.2 居民消费研究综述

（1）收入分配与消费问题

经济学将居民收入对消费的影响作为核心探讨内容。亚当·斯密将积累与消费作为切入点，对居民收入与消费水平的关系进行探究，对居民消费与投资之间的关系进行探究，对居民投资与收入之间的关系进行探究。在消费理论中，亚当·斯密指出，居民的收入会对居民消费水平产生决定性影响，居民收入的增速与消费的增速息息相关。白钦先（2006）研究指出，相较于GDP的增幅而言，我国居民的收入增幅更低，国民的消费率会因整体收入水平较低而下降。而人们易于忽略收入分配对居民消费的影响，但该因素的重要性正不断凸显出来，近期以来，对这一领域进行研究的学者不在少数[51]。

胡少维（2017）指出居民的收入存在显著差异，人们在对城镇居民的收入进行估计时，存在过于保守的问题，这一问题集中体现在对高收入群体的过低估计方面，这是由于高收入群体可以通过多样化的渠道获取收入，灰色收入占有较大比例。假如将灰色收入纳入居民收入统计范围内，居民的贫富分化将变得更加严重，从而导致居民的购买力存在显著差异，高收入群体正在获取更多的社会财富，这也导致整体消费倾向下降[52]。

姜涛和臧旭恒（2008）进行了计量分析，实证分析结果显示，在我国收入差别与总消费呈显著性反比关系，收入差别的增加将减少总消费。以上研究结果表明，二者之间存在相关性[53]。

吴嵩（2010）采用实证分析方法对居民收入水平与消费之间的关系进行研究，指出居民的收入水平会对居民的边际消费倾向带来负面影响，居民收入分配情况的改善能刺激居民消费，进而提升整体消费、产生更多的有效需求[54]。

高善文（2019）认为居民可支配收入持续增长自始至终关系着社会发展水平的提高[55]。

赵凯（2009）基于凯恩斯提出的假说以及弗里德曼提出的消费理论，采用回归分析法对我国居民的消费需求进行研究，他指出，居民消费会因绝对以及持久收入而受到正向影响，绝对以及持久收入是国民消费需求与结构的重要影响因子[56]。

（2）收入不确定性因素对消费的影响

在不考虑不确定性因素的影响作用的情况下，持续收入以及生命周期假说都是经典的消费理论。这些理论都认为消费者是绝对理性的，可以在获取最大效用的情况下进行改善，这就意味着消费者可以在生命的所有阶段对其毕生劳动收入、初始财富进行平均分配，从而做出最为理想的消费选择，而非按照当期收入做出消费选择。

无论是持续收入假说，还是生命周期假说，均无法对社会中的经济现象做出有力阐释，这也使得学者渐渐关注不确定性因素，该因素的引入对消费理论的发展起到了良好的促进作用，该理论也日益多元化，对社会中的经济现象的阐释力也在逐渐增强。例如随机游走模型等模型都在研究框架中引入了不确定性因素，提升了该理论对现实的解释力。因此，由于居民消费会因不确定性因素而受到显著影响，要想挖掘居民的消费潜能，就应将不确定性因素的影响最小化。

可支配收入对消费支出的影响是难以确定的。消费函数理论指出，家庭收入、消费信用贷款等多种因素的存在都会对消费（支出）带来一定影响，但起到决定性作用的依然是消费者家庭收入。

预防性储蓄理论也明确表示，很大程度上，人们对未来的心理预期会对居民消费产生一定影响，如人们无法对经济发展趋势、个人收入等进行明确预测，特别是收入的不确定性会对居民消费带来显著影响[57]。

任太增（2004）认为我国消费者消极预估未来的根本原因在于消费者未来收入支出的不确定性。我国经济调整期发生的这些独特的不确定性，非常容易使消费者产生相对一致的消极预估[58]。

李文溥等（2011）采用消费行为方程，采用CPI实证分析了不同收入群体的消费支出。研究结果指出，不同群体的收入差距会因通胀差异而扩大，导致居民的消费需求难以进一步扩张，导致消费对经济增长的促进作用不断降低[59]。张晓芳（2018）通过研究指出消费会因不确定性因素的存在而受到显著影响。[60]

罗楚亮等（2020）基于CHIP数据，通过对低收入、高收入群体在消费结构上的差异进行对比，修正了其中可能存在的误差，预测了国民消费的发展走向，研究指出，在2002—2013年，国民消费差异扩大了四分之一，收入差距是解释消费差距的一个重要变量[61]。

朱琛（2012）基于1992—2009年的经验数据信息，实证研究了我国城镇居民财产性收入差别和消费差距。研究结果显示，城镇居民财产性收入差别放大了城镇消费差别，城镇消费差别的出现造成城镇财产性收入分配进一步失调。[62]

李隆玲（2014）从收入和支出的不确定性角度，通过使用分位数回归方法，对收入不确定性与农民工消费的关系进行了实证研究。研究结果指出：农民工的消费水平会因收入不确定性的增加而明显下降，农民工的消费或收入水平与这种抑制作用存在负相关关系。医疗费用和教育费用的不确定性对农民工消费也具有显著的抑制作用[63]。

（3）持久收入、暂时收入与消费的关系

弗里德曼的消费理论的指出，消费者的收入由暂时收入和持久收入共同构成，二者对消费行为的影响存在一定差异，这就意味着居民消费与持久收入存在固定比例，与暂时收入的关联度较低，这是由于暂时收入是缺乏保障的，具有较大的波动性，相较于暂时收入，持久收入更为稳定，其拥有者具有更强的消费意向。

对于中国的实际情况，我国学者也进行了相关研究，臧旭恒（1994）的研究指出，1978—1991 年，持久收入、暂时收入每发生 1%的波动，居民消费分别发生 0.783%、0.127%的波动。学者们由此指出，持久收入会对消费造成显著影响，暂时收入对消费影响较小。这一研究结论与弗里德曼的观点相符[64]。

姚伟纲（2006）采用 1982—2003 年数据对城镇、村民的消费情况进行研究，研究结果表明 1982—2003 年，城镇居民的持久收入每发生 1%的变化，居民消费发生 0.827%的变化；城镇居民的暂时收入每发生 1%的变化，居民消费发生 0.121%的变化。由此得知，暂时收入的弹性小于持久收入。城镇居民的消费情况会受到持久收入的显著影响，弹性为 0.827，二者的相关性较高；暂时收入不会对消费造成显著影响，弹性仅为 0.121[65]。

梁纪尧、董长瑞（2006）采用回归分析法结合我国 1980—2003 年城镇居民收入和消费数据，对居民收入与消费的关系进行了研究，研究结果表明，消费者的现期消费受到前期消费较为显著的影响，二者存在较大的相关性，消费者的现期消费不易因暂时收入变动而受到显著影响，二者的相关性较小。因此，消费者的前期消费行为会对现期消费行为产生重要影响。这一研究结论较好地证实了"棘轮效应"的存在，并表明该效应是适应我国国情的；另外，也通过我国具体数据的使用证实了弗里德曼关于暂时收入的观点[66]。

赵航、张盼盼（2019）在弗里德曼的观点的基础上，通过不确定性因素的引入，对2000—2017年我国31个省（自治区、直辖市）农村居民收入水平对其消费情况的影响进行了研究，研究指出，持久收入与消费惯性存在一定的关联性，缺乏持久收入、延后消费的个体存在固定效应[67]。

黄耀樟（2020）认为，消费者收入对消费的影响会因互联网金融的诞生而得到改善，互联网金融能使消费者提升自身的消费水平，产生新的消费需求，使人们享有更加优质的生活，并为产业结构的优化升级起到一定的推动作用[68]。

方长春（2017）的研究发现，不同收入阶层，无论是人均收入规模还是收入结构都存在一定的差异；收入水平和收入结构对消费支出水平与支出结构的影响也表现出阶层差异。[66]。陆彩兰（2017）通过研究居民的收入结构、行业间收入与消费需求的关系，指出消费需求不足会对经济发展带来严重影响，收入是消费的核心影响因素，居民的消费需求会因收入变动而受到显著影响[70]。我国居民的消费倾向与消费率会因不合理的收入结构而下降，从而给边际消费倾向带来负面影响，导致居民的消费需求减弱，进而对财政政策对于内部需求的拉动作用产生负面影响。

2.2.3 互联网金融对居民消费的影响研究综述

随着居民生活质量的不断提高、收入水平的快速提升，我国消费市场的规模不断扩大。居民消费思想与习惯的变化，为消费金融创造了良好的发展机遇。互联网金融的诞生，一方面改善了传统金融存在的无法进行高效审批、无法为用户提供良好体验的问题，另一方面拓展了消费领域的应用渠道，大大提高了资金使用效率，降低了技术上的使用成本。结合大数据技术和云计算的背景，我国构建了更加准确的风险控制体系，改变了消费金融市场的现有格局，对我国经济增长起到了重要的推动作用，使得金融创新成为我国GDP增长的动力之一。互联网消费金融的快速发展也引起了相关研究者的广泛关注。学者们从不同角度对网络消费金融进行了相应的研究。

（1）互联网金融与居民消费的关系

发达国家关于互联网金融与消费的关系研究起步较早，很多研究理论具有较高的学术价值。跨期消费理论指出，通过对互联网信贷行为的研究发现，网络信贷的发展主要来自于平滑消费的需要，负债的增加能对居民的分期消费起到良好的平滑作用，进而为家庭创造更多的福利[71]。Tufano（2009）的研究也发现，基于以太网宽松的消费信贷市场能够打破流动性约束，从而有效增加居民消费[72]。

Benjamin 和 Chinloy（2008）认为，家庭净财富的减少与信贷的增加之间并不存在关系，信贷资金增加后，对于家庭来说可支配现金随之增多，房屋债务则是主要影响因素。Coulibaly 和 Li（2006）以美国家庭为例的研究发现，数字金融的发展与美国居民的金融资产、储蓄增加幅度及耐用消费品消费额度密切相关。叶湘榕（2015）明确表示，以电子商务巨头为首的互联网公司对消费金融市场的介入，将在提升市场效率、拓展市场规模等方面对居民消费产生一定影响[73]。

凌炼（2016）的研究发现，互联网金融的支付、风险管理、储蓄、投资和借贷功能对居民消费的影响，具体体现在对居民消费的平滑作用、对居民消费的保障作用、对居民消费的增值作用上。储蓄保险因其具有风险管理功能，可以实现居民消费过程中的自我保护和财务保障；投资由于其财富效应和收入效应，可以实现居民的消费增值[74]。

邹新月、王旺（2020）通过实证研究指出普惠金融的发展有效提高了居民消费水平[75]。王刚贞、刘婷婷（2020）则指出普惠金融通过减小流动性风险、对居民网络支付起到一定的平滑作用来刺激居民消费，不仅会对消费水平造成影响，还会影响消费行为[76]。张李义、涂奔（2017）对普惠金融与居民消费行为以及结构的关系进行探究，指出普惠金融不仅能提升居民消费水平，还能促使居民消费结构升级[77]。

（2）互联网金融对居民消费需求的影响

传统银行的信用贷款方式普遍通过线下提交材料等流程为居民提供金融支持，随着互联网时代的来临，消费金融将使用大数据等先进技术，通过改变传统的风险控制方式，依托网络等渠道或将装修以及旅游等场景融合起来，为用户提供多样化的服务，如垂直分期购物场景提供的消费金融服务等，都呈现出灵活的服务方式，对居民消费需求产生了巨大的影响。

关于互联网金融对居民消费需求的影响，国内外研究成果较为丰富。Tarazi 和 Breloff（2010）认为互联网金融模式具有高效、便捷、低成本的特征，对于促进社会消费需求具有重要影响。Anderson（2004）提出的互联网金融的"长尾"理论（The Long Tail）认为，互联网技术满足了市场尾部的需求，将产生高于"头部"收益的整体收益。

Norden，Buston，Wagner（2014）的研究认为，基于以太网的数字金融为用户提供信用贷款服务，帮助用户减小流动性风险，对居民在当前资金匮乏的情况下进行消费起到一定的推动作用，加强了居民的消费意向[78]。

段辉娜、王雪梅、孙敬怡（2020）等认为基于互联网技术发展的互联网金融将金融产品、金融服务、信用有机结合起来，不再像传统消费金融一样，市场消费会因地域、信息不对称、客户资源等因素而受到限制，互联网金融的诞生与发展增加了消费者的支付频次、提升了消费者的支付效率，减小了流动性以及预算的限制作用，实现了对居民消费支付与预算的平滑作用[79]。

霍亮（2021）认为互联网金融的发展促进了网络消费的增长，第三方支付、网络交易平台作为新的交易中介可以提高交易效率，节约了时间和成本，促进了社会消费，既有微观影响效应，又有宏观经济效应[80]。

王刚贞等（2020）认为以网络购物等新型业态为首的新消费，成为促进经济优质发展的核心引擎。但囿于居民消费能力较低等相关因素的影响，我国在扩大新消费需求方面仍面临诸多瓶颈。"十四五"时期我国应培育消费新业态、优化新消费环境，全面释放消费潜能[81]。

马德功等（2017）基于数字金融的本质功能，使用2000—2015年省际面板数据对居民消费行为的研究发现，互联网金融模式的诞生与发展对居民消费行为以及需求起到了良好的推动作用[82]。

崔海燕（2016）运用动态时间序列模型对国民消费、GDP 和互联网金融模型中的样本数据进行了研究，实证研究证明，GDP 和第三方支付能够促进消费，扩大内需[83]。杨玲（2018）发现，互联网消费金融对促进居民消费具有显著的区域效应，对东、中部省份有显著的正向效应，但对西部地区没有显著影响[84]。

唐艺军、剧苗苗（2017）对国民消费以及收入水平、P2P模式的交易总数、信贷结构等数据，构建时间序列数据动态模式，明确不同的指标对于居民消费所起到的刺激作用。研究结果表明：互联网金融发展与居民消费呈正相关关系，并且这种相关性较为显著。学者的研究结论对促进互联网金融行业的稳健发展、改善监督管理机制起到了一定的借鉴作用[85]。毛宛苑（2016）指出可以将互联网金融与消费场景有机结合起来，进而挖掘市场消费潜能，对居民消费水平的增长起到良好的推动作用，互联网金融对居民消费既有促进效应，又有挤出效应[86]。

（3）互联网金融对居民消费结构的影响

国外学者对互联网金融对消费结构的影响研究，大多数集中在以太网如何影响消费结构方面。Horioka，Wan（2007）认为，对于美国家庭而言，居民的家庭财富会随着居民进行股票投资而发生一定变化，在某种意义上对居民消费起到了良好的刺激作用，从而促进了消费结构升级[87]。

Horioka，Wan（2007）基于金融中介功能的视角，分析了网络信贷（P2P）对居民消费的影响。研究发现网络信贷（P2P）可以降低消费者与自身的交易成本，进而影响居民消费结构[88]。Kristin（2015）研究发现，居民可通过承担债务来提升生活消费水平，甚至消费高于当期收入，当后期收入提升时再平滑以前的债务，这在短期内可提升消费者家庭整体幸福感，进而影响消费结构[89]。Norden，Buston，Wagner（2014）的研究发现美国较为贫困的家庭，可采用负债的方式来提升消费能力，甚至使家庭消费比即期收入更高，而后期收入增长可以对现有债务起到一定的平滑作用，在短期缓解了消费困境，但长期造成的债务甚至会导致破产清偿，影响消费结构[90]。

Sato和Hawkins（2009）认为数字金融对居民消费结构的平滑作用、对于家庭消费的稳定作用是通过金融风险来实现的。互联网金融在一定程度上不仅可以短期促进消费结构升级，还会受到意外因素影响产生回弹效应[91]。

董雅丽等（2011）认为在不确定的环境之下，网络消费者消费行为趋于保守，从而影响其消费结构[92]。常京京（2016）认为城镇化的发展缩小了城乡差距，互联网信息产业的发展缩小了城乡的信息差距，对于我国消费结构的升级有重要作用[93]。

蒋杏子（2020）认为发展互联网金融能够减小居民的流动性风险，使居民不再受到收入的影响，进一步扩大居民的消费需求，从而对居民的消费结构转型造成显著的影响[94]。赵保国等（2020）运用VAR模型对2007—2017年互联网信贷数据规模进行实证分析，研究发现，互联网消费金融能够增加居民享乐性支出，完善居民消费性结构，拉动经济增长[95]。魏子东（2018）提出互联网金融可以通过资产配置、支付结算、保险服务等方式提高城乡居民的消费结构[96]。

吕建黎（2018）对第三方支付与食品、服装市场消费的关系进行了探究，指出二者呈正相关关系，并且这种相关性较为显著[97]。

杨姝平、刘诗颖（2018）的研究发现线上消费与第三方支付的发展相辅相成，二者存在联动效应[98]。

吕可可等（2018）的研究发现网贷等多样化的理财产品依托于较高的投资回报率，并通过收入效应促进了居民消费需求，改变了居民的消费结构[99]。郭庆等（2018）采用8个省市的面板数据研究互联网金融对城乡居民收入的影响效应，研究发现，互联网金融交易数量与投资人数均会对居民收入产生正向影响，并显著影响居民消费行为[100]。

李薇、朱婷婷（2018）通过时间序列数据，实证分析了互联网金融对居民消费的影响，研究发现第三方支付的总额以及其他互联网金融发展指数均会对居民消费产生正向影响[101]。

于洋（2018）研究了互联网金融对居民消费的影响机制，研究发现互联网金融可通过收入效应、转换效应和刺激效应提高居民消费需求，促使消费结构升级[102]。

2.3 文献述评

消费经济理论指出，消费对经济增长起到了一定的促进作用，经济发展会倒逼居民消费能力进一步提升。2021年，我国的最终消费占GDP比重为50%左右，我国正在由投资型社会向消费型社会转变。我国亟须升级消费结构，扩大内在需求，再采用这种方式来促进经济发展，这也将消费需求对社会生产的决定性作用集中反映了出来。在国民收入不断增加、社保体系以及消费环境日益改善的形势下，社会上常见的消费模式正在发生转变，预消费、信用消费逐步取代了过去的保守消费，这些变化使得消费金融迎来全新的发展机遇，也对居民消费产生了显著影响，成为推动国民经济发展的重要方式。

综合现有的消费金融研究文献来看，有关消费金融对消费需求、消费增进及消费的影响，国内外研究成果较为丰富。但由于互联网金融这一新兴金融工具发展至今仅仅十数年时间，相关的研究尚处于起步阶段。现有研究大多只是针对互联网消费信贷进行的理论研究，实证研究较少，而且由于采用的数据和分析的方法的异质性，很多研究结论还存在诸多分歧，不能深刻反映互联网金融对消费需求、消费增进及消费结构的影响。对于如何发挥互联网金融"去中心化"的特点，将其对消费的促进作用发挥出来，扩大内部消费需求、促进消费经济增长，缺乏系统性的研究。因此，本书结合现代消费理论、金融理论和我国居民消费行为的特性，对互联网金融影响我国居民消费需求、消费增进及消费结构的作用机制进行了理论分析和实证检验，并针对研究结论，从减少不确定性、发展消费金融和提高居民收入三个方面，提出了促进社会消费、释放消费潜力的对策和建议。

3　互联网金融对居民消费的影响机制

　　一个国家经济发展的关键在于三个要素：消费、投资、净出口。相较于投资、净出口，消费是最基本、无法取代的因素，它会对一国经济的长足、稳健发展带来重要影响。长期以来，我国都存在居民消费水平低而储蓄水平偏高的问题，消费的增速落后于经济的增速，导致国民消费结构分布不均衡。投资以及净出口成为促进经济发展的重要力量，但外在需求存在难以控制、难以预知的特点，这些因素的存在都会阻碍国民经济的发展，过度依赖外在需求来促进经济发展不是长期性方案；而通过加大投资力度，尤其是对基础设施进行大力投资，尽管在短时间内，会对经济增长起到一定的促进作用，但在不久的将来，依然会出现内部需求不足的问题，依然会出现经济发展停滞的情况。由此可见，要想实现国民经济的持续、健康发展，就应借助于提高居民消费水平来促进经济发展。而在经济结构中，消费结构占据着主要地位，是消费的关键内容，消费结构的优化是刺激居民消费需求的重要内容，优化结构有益于消费总量的提高，进而带动我国经济的发展。居民的消费总量能否大幅提升，与居民消费结构的合理性有关，这也表明居民消费在市场经济运行阶段发挥着极为重要的作用。

3.1　互联网金融的主要业务模式及其发展

为推动互联网金融行业的稳健发展，2015 年 7 月 18 日，中国人民银行会同工业和信息化部、公安部、财政部、工商总局、证监会、银监会等单位，依照党中央制定的计划、做出的决策，按照"自主创新、防范风险、规避负面影响、促进生理以及心理健康发展"的整体要求，从金融行业健康发展全局考虑，协同公布了《关于促进互联网金融健康发展的指导意见》。该指导意见确认了互联网支付、互联网借贷、股权众筹融资、互联网基金销售、互联网保险、互联网信托和互联网消费金融等互联网金融的关键运营模式，如图 3-1 所示。

```
                中国互联网金融的主要业务模式

┌──────┐ ┌──────┐ ┌──────┐ ┌──────┐ ┌──────┐ ┌──────┐ ┌──────┐
│ 互联网 │ │ 互联网 │ │ 股权众筹│ │ 互联网 │ │ 互联网 │ │ 互联网 │ │ 互联网 │
│ 支付  │ │ 借贷  │ │ 融资  │ │ 基金销售│ │ 保险  │ │ 信托  │ │ 消费金融│
└──────┘ └──────┘ └──────┘ └──────┘ └──────┘ └──────┘ └──────┘
```

图 3-1　中国互联网金融的主要业务模式

3.1.1　互联网支付

支付是维持消费社会经济发展主题活动常规进行的桥梁。互联网金融的发展对支付体系存在较大的依赖性，支付是关键入口。互联网支付是指利用电子计算机、手机等机器设备，根据网络传出的付款命令，转移流动资产等服务项目。

支付作为金融业的基础功能，关系到全部金融业的营运方式和经营效率，支付一旦遇到互联网，难以避免会产生巨大的付款转型。在互联网支付势不可挡的情形下，传统的现金结算慢慢撤出，各种各样网络付款方式慢慢成为主流。网银以及第三方支付是网络支付的主要方式，二者分别由银行系统、民企推出。网络支付提升了人们生活的便捷性，并渐渐由计算机桌面向移动终端等形式延伸。在当代社会，网络支付随处可见，使得之前的支付局势发生了大幅变化，也为互联网金融的发展起到了良好的奠基作用。如今，网络支付已不再限于网购，尤其是在互联网货币基金诞生、网民渐渐养成网络理财习惯的形势下，在第三方支付的交易总额中，用户购买的互联网基金规模的占比不断增大。一些率先入驻市场的第三方支付平台依托先入优势，积淀了大量客户，在第三方支付市场中占据着重要地位。例如，在第三方网络支付交易总额中，支付宝等第三方支付平台终端的交易总额占比一度超过80%。而依托于淘宝平台的庞大交易数量，支付宝在我国PC端第三方网络支付市场中占据着首要地位。

随着智能手机的广泛普及，移动支付获得了更大的发展空间。在各种线下消费场合，扫码支付得到了快速普及应用，有着极大的交易规模。艾瑞数据资料显示，在2017年第一季度我国线下扫码支付规模仅仅为0.6万亿元，而到了2019年第四季度，该数值已经达到了9.3万亿元，虽然增长速度高达145%，但是环比增速逐渐变得平缓，如图3-2所示。

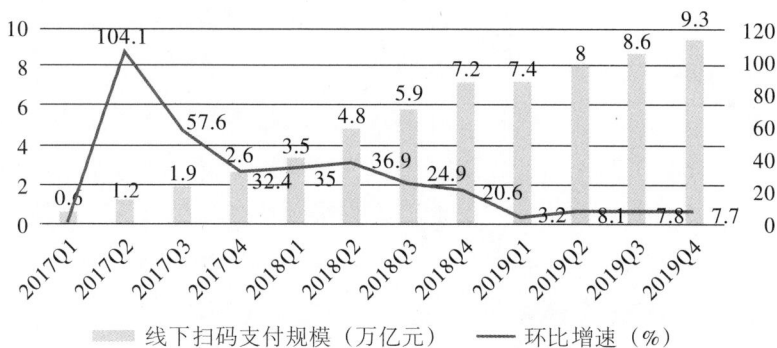

图3-2 2017Q1—2019Q4 中国线下扫码支付交易规模

3.1.2 互联网信贷

借贷双方依托于网络平台，通过线上渠道进行借贷交易即为互联网信贷，可以进一步将其划分为个体网贷（简称P2P）和网络小贷两种类型。借款人也被称为资金需求方，贷款人也被称为投资者。在网贷全过程中，验证、做账、结算、清算等都是利用互联网平台开展的，所以彼此足不出户就可以完成借款项目，贷款金额也不大。

我国互联网巨头百度、阿里巴巴、腾讯、京东（简称BATJ）近些年慢慢渗入消费者信贷业务行业。其中，最早向国家申请办理相关业务的互联网巨头是阿里巴巴，其通过对用户进行大数据分析，根据用户的信用得分来确定授信额度。2016年，微信发布"微粒贷"，将业务范围扩展到度假旅游、文化教育、租用、室内装修等，与阿里巴巴的"借呗"类似，开发了面向个体的消费者信用业务流程服务项目。2015年，腾讯发布了"颗粒银行信贷"业务，通过客户信息的使用来将授信额度区别开来，无须提供贷款担保，通过微众、金融机构共同进行股权融资，是一种无须抵押、无须提供担保的贷款服务。"百度有钱"APP于2015年发布，该APP以股权融资、教育分期业务为主。百度金融当前拥有更加多样化的购买情景，教育分期中含有IT技能等多样化的业务。我国互联网行业的四大巨头借助于服务平台，对个人消费信用贷款产品进行了全面创新，改变了信用贷款业务的发展以及风控理念，对银行信用贷款领域网络消费业务的形成与发展起到了良好的促进作用。

根据统计数据，2013—2017年，每年我国网络产品的营销总额的平均增长幅度高于30%，截至2017年，我国网络平台的交易总额达到7.2万亿元。由于网络失信行为高频发生，我国相继出台了一些政策来加大对网络技术的管理控制力度，预计互联网金融行业的发展速度将逐步放缓。据统计，自2012年以后，我国发放的贷款运营规模在快速增长，在2017年，达到4.38万亿，上涨904.0%，2018年上涨122.9%，2021年上涨48%，如图3-3所示。

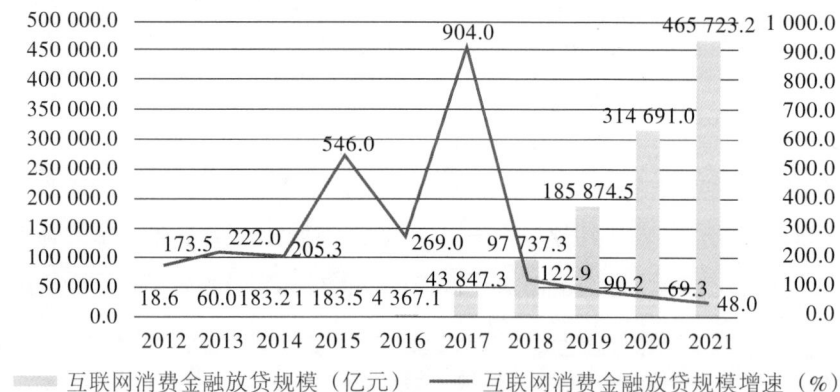

图3-3 互联网金融放贷规模及增速

从苏宁金融资料中能够看出，2018年P2P网贷月度交易量和未还款额各自由年初的 2 082 亿元和 10 000 亿元降低到 1 060 亿元和 8 000 亿元，如图3-4所示。根据MobData的数据，自2011年以来，消费信用贷款的占用率为9%，之后呈现出不断增长的趋势，到2017年已增长至25%。

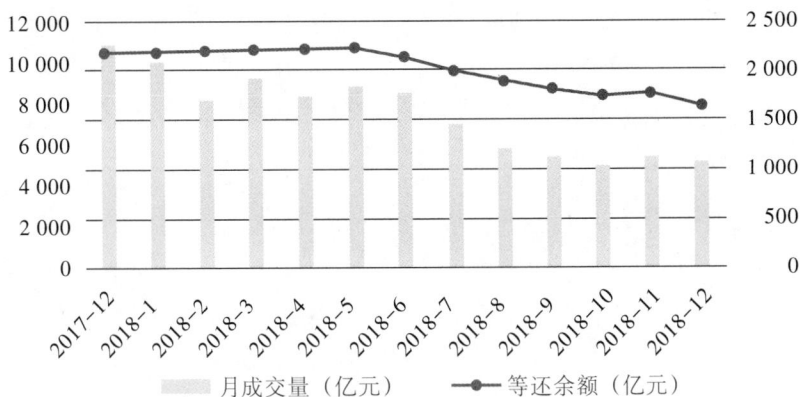

图 3-4　网贷行业交易数据

3.1.3　互联网基金

互联网私募投资是依据互联网进行的私募投资，包括宣传策划推荐股票基金、发售基金份额、基金份额选购、认购等业务流程。互联网与股票基金的结合，造就了互联网私募投资的业态创新，产生了网络技术与金融资本紧密结合的新兴金融行业。在这个环节中，互联网是营销渠道，股票基金是真正的商品。互联网私募投资可以突破时空限制，充分运用互联网的技术优势和参与者众多的规模效益，为广大群众提供高品质的投资理财服务项目。我国最受重视的互联网私募投资服务平台是2013年6月13日发布的支付宝"余额宝"，其股票基金提供方为"天弘基金"。它一经发布，便快速扩张。上市三个月后，其资产规模已赶超华夏现金货币基金（470.24亿元），高达556.53亿元，成为我国市场中资产规模首屈一指的货币基金。上线6个月后，其资金规模高达 1 853亿元，吸引了 4 303万用户创建账户进行投资。

继"余额宝"之后，互联网公司与货币型基金结合产生的这种新型基金即互联网货币型基金的发展十分迅速。比如理财通、苏宁零钱包以及京东小金库等与余额宝相似的投资理财产品百花齐放，银行业现阶段较大的两家互联网技术货币基金企业是余额宝和理财通。大数据技术使得货币型基金经营规模呈井喷式增大，到 2019 年第三季度，"余额宝"规模达到 212.6 亿元，进入余额宝的证券基金企业，便利宝、广发银行钱包、景顺长城货币、博时每日增利三季度基金规模分别增长 50.87 亿元、31.04 亿元、26.84 亿元、26.05 亿元，各自位居增长率排名的 5、8、9、10 位。除支付宝等平台以外，其他互联网货币基金主要由第三方代销，代销机构以东方财富为代表。

3.1.4　互联网保险

互联网保险是指利用网络等先进的技术，通过第三方平台来提供商业保险咨询等多样化的业务。

十年来，我国互联网保险获得了稳步发展，对传统保险业造成了巨大冲击。2011 年至今，有关部门相继发布了一系列文件，促进了我国互联网保险业的发展。有关资料显示，2012 年我国互联网保费收入从 2011 年的 32 亿元增加到 106.2 亿元，接着发生了令人震惊的爆发性增长：2013 年 291.1 亿元，2014 年 858.9 亿元，2015 年 2 234 亿元，2016 年 2 347 亿元，2017 年有一定的减少。截至 2019 年 6 月底，网络保险领域已经有 100 多家企业开展网络保险业务。

基于互联网技术的保险行业在互联网公司加入之后得到了迅速的发展，在 2013 年，阿里巴巴通过推出众安保险，得到中国第一个互联网商业保险牌照。此后，以百度、腾讯、就东为代表的互联网公司接连进军保险业。2019 年 6 月 12 日，"水滴保"更新为"水滴保险商城系统"，开启了互联网保险商城系统新模式，是互联网保险发展的里程碑式事件。互联网企业借助本身用户流量优势开展资源再开发设计，设定保险理财产品交易情景，如淘宝最开始引进的退换货商业保险、华为公司的手机屏粉碎商业保险、来回旅游的"飞机延误商业保险"等。为了更好地进一步扩大经营范围，互联网企业逐渐打造交易情景，增加保险险种，开发低线城市市场，同时利用自身得到的大量数据，获得了多方面的内容，继而使得我国保险业运营的模式得到了优化，提升了我国保险业经营范围。

3.1.5 互联网投资

金融将资金供需双方结合了起来，对储蓄向投资方向的转变起到了一定的推动作用。资金供应方以及需求方对高效融资的较高要求，对互联网金融的诞生与发展起到了良好的促进作用。例如网贷等业务的发展，使得众多小微公司、投资者的金融需求得到满足，提升了金融业务的转化率。

随着互联网金融行业的发展，消费者逐渐接受了与互联网技术相关的金融投资理财产品。我国的投资理财发展主要划分为三个阶段。第一个阶段为2004—2010年，为起步的阶段；2010—2016年是第二个阶段，是迅速发展的一个阶段；2016年后是第三个阶段，是规范阶段。在2019年，从总体上看，我国财富管理市场呈下降趋势。2007年至2018年，根据中国人民银行、银保监会、证监会以及所管的协会或政府部门公布的有关数据信息，中国资产管理销售市场规模达到6.59亿美元至135.2亿美元，年增长率达195.4%。与GDP对比，增长水平呈同一提高发展趋势，2018年数据信息为153.8%。2019年受资源优化配置最新政策影响，财富管理经营规模整体呈下降趋势。

近些年，网络安全管理的发展在一定程度上对我国互联网投资销售市场产生了一定的影响。从图3-5中的数据能够发现，倘若将2013年的数据作为标准，在短短的四年时间内互联网理财指数上升了595点。

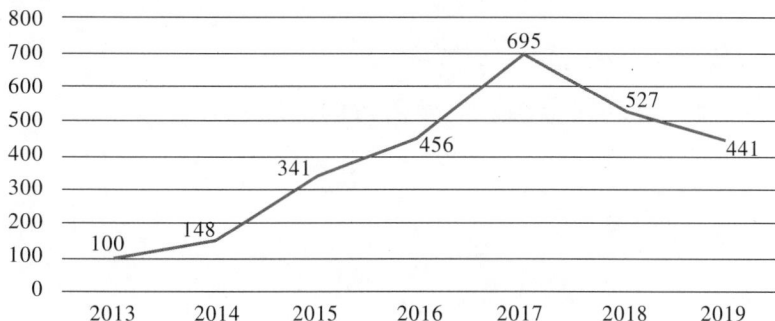

图3-5　互联网理财指数

3.2 互联网金融对居民消费的具体影响机制

本书对互联网金融对居民消费的影响的研究先分析了对居民消费总量的影响，其中，对居民消费总量的影响又可以细分为对消费"量"的影响和对消费"质"的影响两个方面。对居民消费"量"方面的影响，表现为互联网金融对消费增进的影响，研究分析了互联网金融对消费促进的具体途径，包括平滑机制、保障机制和增值机制，如图3-6所示。

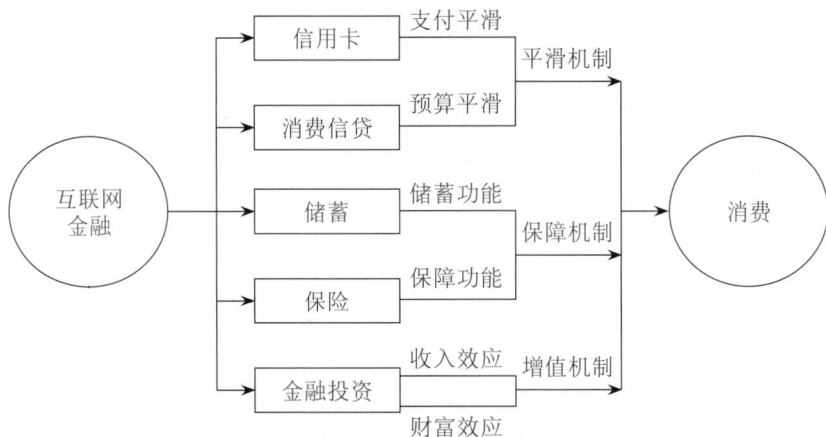

图3-6 互联网金融对居民消费的影响机制

互联网金融不仅对居民消费有"量"的影响，对居民消费"质"的影响更是极为显著，具体表现为互联网金融对消费结构的影响。研究证实，互联网金融可以有效促进消费结构升级，实现社会消费由"量"到"质"的飞跃。这也是本书实证的逻辑关系。

3.2.1 互联网金融对消费需求的影响机制

互联网金融对居民消费的影响主要是通过网络支付、网贷来实现的。第一，网络支付渠道的开通以及普及应用，使得传统支付长期面临的发展障碍得到改善，居民的支付行为不再受到时空因素的限制，在极大意义上，为居民更加高效地进行消费支付提供了有力支持，使居民的消费需求得到了有效满足，提升了消费的连续性，实现了平滑消费的目标。第二，网络支付与信用贷款的结合，在提升支付的便捷性的同时，也能降低消费者在当期所面临的经济压力，增强消费者的消费意向，对消费行为的发生起到良好的推动作用。相较于传统信用贷款而言，网络消费信用贷款能够更好地缓解消费者因预算有限、流动性不足而受到的影响，促进消费者的消费行为，甚至使消费者高频进行消费，进而实现平滑消费的目标。

（1）非现金支付平滑

在非现金支付工具普及应用的形势下，支付环境也在不断改善。在信用卡等支付方式的基础上，不断发展的互联网金融也创造了新型的在线支付工具，对个人消费行为的发生起到了关键的推动作用。第一，支付环境的改善对互联网消费的发展起到了良好的促进作用。非现金结算在网络消费金融业的发展趋势中尤为重要，货币性支付手段为消费者提供高效快捷的付款方式，减少传统式的现金结算风险性，为消费提供了强劲的付款空间环境。第二，新的付款方式将促进互联网金融产品创新，新的供给发掘新的消费需求。新型支付环境对互联网企业不断改善传统的产品营销模式起到了一定的激励作用，通过市场服务水平的提升来刺激居民的消费行为。

另外，线上支付可通过影响消费者心理进而产生平滑消费的效果。经济学中著名的心理账户理论指出，消费者会受到心理账户的影响，从而做出相应的消费决策。在消费者的心理账户中，现金以及互联网支付并不存在替代效应。人们仿佛存在一个心理账户，会将通过不同方式获取的储蓄资金划入不同账户，相较于线上支付，消费者在使用现金支付时，会产生更加强烈的损失感。由此可见，互联网金融所提供的支付方式能够促使消费者快速做出消费决策，提升消费者消费的活跃性，并采用消费体验升级的方式扩大消费群体，进而实现平滑居民消费的目标。

（2）分期还款的预算平滑

网络消费信用贷款提供消费分期还款，网络小额信贷可以在某种意义上减小居民受到的流动性、预算束缚，减小居民因预算不足而在消费阶段受到的束缚，为居民的连续性消费提供有力保障，发挥对居民消费行为的平滑作用。依据生命周期假说基础理论，居民心中希望达到的效果是其所有的收益刚好满足其所有的消费。为了能够达到这一目标，消费者就必须按照自身实际的经济状况为未来的消费提供大致的修改方案，在做出消费决策以前还需要考虑到整个生命周期。例如在后期的房车购置等消费计划中，应控制目前的消费水平。在这种情况下，消费者因预算不足或流动性风险而受到的束缚会抑制其购物需求。互联网消费信贷提供的消费分期付款，短时间内不容易增加消费者的经济压力，可以满足一部分日常必需品等用品的实际需求，以保证个人消费行为的可持续性，进而达到长久稳定的消费效果。网络小额信贷具有无须进行抵押、提供担保的特点，能帮助居民在短期内获得更高的可支配收入，进而减小居民因消费预算不足而受到的束缚，从而将消费者对产品的购买需求释放出来，对居民消费行为的发生起到一定的推动作用。此外，在平滑消费预算方面，心理账户理论发挥了关键作用。在消费者的心理账户中，自身所获取的信贷价值低于个人薪资收入，再加上在互联网消费环境下充斥着各种商品，商家会采用多样化的形式开展促销活动，在消费者的心理账户中，因消费行为产生的满足感足以弥补因贷款产生的损失感。因而，在网络付款作用和心理账户双重功能下，用户个人消费行为得到巨大鼓励，一定程度上保障了个人消费行为的持续性。

3.2.2 互联网金融对消费增进的影响机制

（1）互联网货币基金的增值机制

在网络技术不断发展的形势下，金融机构基于传统理财产品进行创新，推出了网络货币基金，利用电子商务平台、网络公司提供的消费场景以及流量，使用大数据等先进技术来获取用户信息。网络货币基金为消费者提供便捷的渠道以便进行货币基金申赎，并提供比银行储金利息更高的投资回报率。相较于银行存款这种传统的理财方式，网络货币基金具有以下特点，在某种意义上，可以取代传统储蓄。第一，网络货币基金的收益率不易发生波动，相较于常规储蓄而言，人们更乐于做出投资决策。第二，网络货币基金可以将第三方平台的优点全面发挥出来，提升基金产品购买的方便性、快捷性、安全性。第三，网络货币基金的类型较为多样，可以使投资主体的多样化需求得到满足，并且不存在购买门槛，可以对大量潜在客户进行进一步挖掘。因此，用户的储蓄行为会被网络货币基金所取代，其具备传统理财方式的稳健性的优势，也能使消费者获得投资回报，获得更高的收入，从而刺激消费者进一步消费。

（2）互联网保险的保障机制

互联网金融消费对居民消费行为的影响主要源自网络保险、货币基金等理财产品。按照生命周期假说，我们可以将个体的一生划分成处于无收入状态的幼年阶段、处于自力更生状态的青中年阶段、依靠储蓄或保险安享晚年的老年阶段。在幼年阶段，个体可以通过父母获取经济上的支持，但之后，个体只能通过个人劳动或服务来获取生活收入。因此，个体要想为完整生命周期的开销提供有力保障，就应对自身的收入进行科学规划，这是防范性储蓄动因。防范性储蓄动因的存在能够激发个体的储蓄行为，使得他们的消费支出因此减少。

3.2.3 互联网金融对消费结构的影响机制

互联网支付是高效的、可靠的、方便快捷的，不但能够弥补传统金融服务的缺陷，更能高效地进行金融交易，并且在改善我国金融体系与功能方面发挥了重要作用。网络贷款可以帮助消费者高效地应对流动性以及预算约束，进而实现平滑消费预算的目标。网络保险会对消费行为、市场需求做出更加精准的判断，为消费者的正当权益提供有力保障。在互联网金融发展指数中，货币基金指数可以通过理财渠道使消费者获得更多的财富，刺激居民消费。结合该指数和互联网发展指数进行分析，可以将互联网金融、消费结构优化的保障体制体现出来。而互联网金融与消费结构升级的增值作用可通过互联网投资发展指数来反映。

3.3 本章小结

本章研究了互联网金融对居民消费总产量的影响，互联网金融推动消费的实际方式主要包括平滑机制、保障机制、增值机制，推动消费的最终目标是改变社会经济发展方式，进而促进消费结构的升级。

4 互联网金融对消费需求影响的实证分析

一般情况下，居民消费需求是指居民目前具备支付能力的意愿需求数量。通常情况下，居民当前的可支配收入、商品价格会对居民的需求量产生决定性影响。互联网金融的诞生放大了居民消费需求的满足范围。凌炼（2016）通过研究指出，居民消费会因互联网金融的支付、贷款等功能而得到满足，从而达到平滑居民消费支付与预算的效果；在风险管理功能的影响下，居民可以通过储蓄保险在消费阶段提供更好的财务保障；因投资兼具财富、收入效应，可以帮助居民通过消费获得更高的价值。本书使用基本消费函数方程来研究互联网金融对居民消费的影响，将该方程延伸为扩展的函数方程，通过建立模型，使用北大数字金融指数、居民消费的统计数据进行汇总分析，对互联网金融与居民消费需求的关系进行探究。

4.1 研究假设的提出

关于互联网金融发展是否可以促使消费增进，一些研究者认为，互联网金融的发展可以帮助单位降低生产、流通和交易成本，提高生产数量和水平，进而增加一般家庭的消费的深度以及广度。我国的电子商务以及互联网金融的共同发展能够推动消费以及服务模式的持续扩张，也催生了对互联网金融服务的大量需求，进一步刺激了消费者需求的增长。以互联网消费模式为基础，Ma 等人（2017）创建动态的 GMM 模型，针对互联网金融对家庭消费行为所产生的促进效应进行了实证检验，研究发现，这种促进效应存在区域差异，更有利于东部地区的消费增进。一些研究者认为，基于互联网和数字技术的包容性金融的发展导致了支付方式的变化，扩大了金融服务的范围，可大大降低搜索、评估和交易的成本，减少了流动性限制，不仅提高了消费的便利性，还能使被金融服务边缘化的群体更加高效地获得金融服务的支持，从而提升这些群体消费的便捷性，进而挖掘居民的消费潜能。基于这一观点，为了进一步阐明互联网金融发展影响消费者需求的内在机制，本书提出如下假设：

假设 4.1：互联网金融与居民消费需求正相关。

洪铮（2021）从理论上探讨了数字包容性金融发展对家庭消费的影响，他发现，数字包容性金融可以通过放松流动性约束、提高支付便利两个渠道促进家庭消费发展。傅和黄（2018）发现，互联网金融的发展增加了农村消费形式信贷需求的可能性，可以通过增加居民网络购物，促进居民消费。

基于这一观点，为了进一步分析互联网金融发展是否可以增加家庭可支配收入，降低流动性约束，促进家庭消费增进，本书提出如下假设：

假设 4.2：互联网金融发展可增加家庭可支配收入，降低流动性约束，从而促进家庭消费增进。

Eland（1968）将可变性风险性引进消费基础理论，明确提出了保护性存款基础理论。在这里，世界各国研究者根据商业保险与消费关联的基础理论和实证分析，确认商业保险与居民消费中间普遍存在着紧密的关联。伴随着互联网保险的发展，一些专家的研究表明，居民可以根据互联网保险的风险性分散化效用、技术革新效用和产业升级效用，推动居民收入水准的提高和消费结构的改进，提升本期消费。从降低家庭生活不确定性，推动居民消费的角度进行观察，进一步剖析互联网金融提供的保险服务项目。本书提出假设：

假设4.3：互联网金融提供的互联网保险服务，可减少家庭所面临的不确定性，进而促进居民消费。

4.2 研究设计

4.2.1 变量设置与数据来源

（1）变量设置

自2013年以后，作为一种主要的创新力量，互联网金融渐渐在小贷等领域实现了进一步发展，在不久的将来，可能会改变我国金融的发展局势。北京大学互联网金融研究中心（2017年3月更名为北京大学数字金融研究中心）协同其他机构，结合互联网金融业务的六个板块编制了"北京大学互联网金融发展指数"，对我国互联网金融的发展现状形成精准、及时认知。北京大学互联网金融发展指数主要包含五项指数，这些指数可以将互联网金融与消费的关系如实地反映出来，本书使用以上指数作为互联网金融发展的自变量。

①自变量。

A.互联网支付指数（pay）。网络支付具有高效、方便、可靠的优势，使得人们能够更加快捷地进行金融交易，当前，学者们通过大量研究证明互联网支付指数的便捷性能刺激居民消费。因此，本书将该指数作为自变量，对居民消费进行考察。

B.互联网贷款指数（P2P）。各国学者通过研究证明，信用贷款能够减少消费者因流动资金不足而受到的束缚，起到使消费预算趋于平滑的作用，促进消费者进行即期、分期消费。因此，本书将该指数作为互联网金融的相关变量。

C.互联网金融保险指数（ins）。保险可以降低风险的集中程度并提供财务保障，在国民经济发展阶段，发挥着促进经济增长、维护社会稳定的作用。近几年，我国的互联网保险保费在不断增长。社会保险的保障范围存在一定盲区，这种保障盲区可通过网络保险得到有效的补充，使个体收入预期保持稳定，保障家庭正常经济生活。网络保险可通过提升居民收入、优化其消费结构来刺激居民进行网络消费。因此，本书将该指数作为自变量，对居民消费进行考察。

D.互联网金融货币基金指数（mf）。相较于传统储蓄，通过互联网金融平台提供的货币基金产品进行理财，能帮助消费者获得更多的财富，进而刺激居民消费。因此，本书将该指数作为自变量，对居民消费进行考察。

E.互联网金融投资指数（ive）。互联网投资使得人们的理财投资决策不再受到地域因素的限制，居民通过使用闲置资金理财获得更高的投资回报。大量研究结果表明，该指数可以刺激居民消费，改善消费结构，这种刺激作用是通过增值效应来传导的。因此，本书将该指数作为互联网金融的相关变量。

②控制变量。

在凯恩斯提出的假说中，居民消费会受到经济发展水平、居民可支配收入的显著影响。因此，本书将国内生产总值（gdp）、居民可支配收入（y）作为控制变量，对互联网金融与居民消费需求的关系进行精准分析。

（2）数据来源

通过网站采集本书研究所需的数据；主要通过网贷之家的交易数量获取互联网网贷指数（P2P）数据；通过《中国统计年鉴》获取GDP、可支配收入的月度数据。

考虑到我国是在2014年1月开始发布互联网金融发展指数的，因此，本书将以2014年1月份为基期（基期=100），对从基期到2020年3月的数据样本进行研究。

本书对所有变量进行了对数处理，从而提升数据处理的便捷性，规避潜在的异方差。表4-1为不同变量的统计结果，Con为消费需求指标。

表4-1 描述性统计结果

变量	均值	最大值	最小值	标准差
lnCon	−0.318337	−0.278828	−0.370188	0.030954
lnpay	5.018242	5.382473	4.705182	0.227402
lnmf	5.151287	5.428918	4.705182	0.238402
lnins	7.738232	7.248242	4.705182	0.374712
lnive	5.408216	5.985132	4.443947	0.521522
lnP2P	7.922162	8.055402	4.485343	0.851965
lny	8.701182	8.812882	8.388733	0.121048
lngdp	11.12587	12.04597	11.78828	0.099042

4.2.2 模型构建

（1）互联网金融对需求变动的影响效应

经典消费理论指出，使用理性预期模型推测出的理想消费行为与实际消费行为存在一定偏差。因此，Flavin（1981）采用实证分析方法，证实了恒常所得假说，研究了消费者的理论与实际消费行为存在一定出入的现象。

依据Friedman（1957）所提出的推论，不同阶段的理想消费水平是个体毕生财富折现值总和的特定比例，因此，消费的变化是难以预测的。但Flavin的研究结果表明，可预测的所得变化会对消费者的消费行为带来一定影响，这就意味着可以通过可预测的所得变化来对消费变化进行推测，与恒常所得理论提出的难以预测的观点存在一定出入，这就意味着相较于使用该理论推导出的消费变化，因临时所得而产生的消费变化更大，这种现象也被Flavin命名为"过度敏感性"。

本质上，本书旨在探究互联网金融的发展对消费的影响。按照以上研究结果，该模型建立以互联网金融的多样化形式（hj）为自变量的多元回归方程，其中消费需求的影响变量为人均可支配收入（y）；另外，还将经济增长（gdp）作为控制变量。本书对全部变量进行对数处理，以便消除潜在的异方差，提升数据分析的精准度，最终得出以下模型：

$$Con_t = \alpha + \beta_1 \ln hj_{jt} + \beta_2 \ln y_t + \beta_3 \ln gdp_t + \varepsilon_t \qquad (4\text{-}1)$$

其中，消费需求的第 t 期取值、互联网金融的第 t 期取值（j=5）分别用 Con_t、hj_{jt} 来表示，hj 含有 5 个指数。

实证结果显示，互联网金融的不同方式对居民的交易需求有不一样的影响。本节在实证结果的基础上，融合互联网金融对居民消费需求影响的传递体制，创建相应的实体模型，认证互联网金融对居民消费需求影响的多种效用。

（2）提高消费倾向效应

消费决策与投资组合策略是同时进行的，因此除了资产本身与上述所提及的因素之外，影响消费的因素也会对其投资组合策略造成影响。互联网金融中的互联网投资具有增值效应。为了能够更全面地按照消费者的消费倾向来证明互联网金融对居民消费的影响，首先需要建立实际的模型来验证互联网金融是能够影响消费倾向的。按照明确的盈利假设，消费者的人均消费发展倾向（APC）为消费支出与社会收入之比。除此之外，结合相对性收益假设进行分析，居民在日常生活中会形成一些固定的消费习惯，这种习惯也会对其消费行为带来一定影响，因此应将滞后期这一自变量添加到模型中。此外，居民存款也会影响到居民的消费倾向。对全部数据信息取自然对数，创建模型：

$$\ln APC_t = \alpha_0 + \beta_{01} \ln hj_{it} + \beta_{02} \ln APC_{t-1} + \beta_{03} \ln s_{it} + \varepsilon_{ot} \qquad (4\text{-}2)$$

其中，居民的平均消费倾向、互联网金融的第 i 个变量第 t 期的取值（j=5）分别用 APC、hj_{it} 来表示。hj 含有 5 个指数；s、ε_{ot} 分别为居民的储蓄、残差项。假如 β_{01} 不为零，则表明互联网金融能产生刺激消费的效果。

在消费发展趋势效用的基础上，建立相应的实体模型，从而对互联网金融与消费需求之间的关系进行研究。将互联网金融与平均消费趋向 APC 的交互项添加到所建立的模型中，结合居民的消费倾向，明确互联网金融与消费需求之间的关系。为了更好地反映居民的消费需求，以消费需求指标值（Con）为因变量，其计算方法为平均生存型消费与人均总消费开支之比。依据持久收入假设，持久收入与居民消费存在一定的相关性，也会对消费需求带来一定影响。使用Friedman（1957）的方法来估算持久收入，即 $Y_P = (Y_c + Y_{c-1} + Y_{c-2})/3$，其中 Y_c 为现期收入。最终模型方程如下：

$$Con_t = \alpha_{11} + \beta_{11} \ln hj_{it} \times \ln APC_{t-1} + \beta_{12} Y_{Pt} + \beta_{13} Con_{t-1} + \varepsilon_{1t} \qquad (4-3)$$

其中，Con_t 表示消费需求的第 t 期的取值；hj_{it} 表示互联网金融的第 i 个变量的第 t 期的取值（j=5）；APC、Y_P、ε_{1t} 分别表示平均消费倾向、持久收入、残差项。假如 β_{11} 不为零，则表明互联网金融对消费需求的影响是通过提升消费倾向效应来传导的。

（3）加强保障效应

互联网金融可以代替一部分保护性存款，但保护性存款的功能主要是减少不确定性对居民生存型需求的影响。为了更好地论证互联网金融能否根据强化保障实际效果推动交易需求，本书优先对收入的不确定性进行了测度。一般不确定性主要源自预期的收益的不确定性。本书当中采用了王健宇（2010）有关收益不确定性（uncertainty，uc）的估计方式，相对应的计算方法如下所示：

$$uc = \frac{I_n}{I_{n-1}(1 + k_m)} - 1 \qquad (4-4)$$

其中，I_n 表示当期的实际收入水平；k_m 表示第 m 期的预计的收入增长率，利用前 m 期的实际收入的平均增长率来衡量。

鉴于收入的不确定性无法在短期内消除，因此本书选择将持久收入 Y_P 作为影响因素。按照相对收入假说，将消费需求的滞后一阶变量作为解释变量。本书建立以下方程，从而验证互联网金融是通过减小居民收入的不确定性来刺激消费需求的：

$$Con_t = \alpha_3 + \beta_{31} \ln Y_P + \beta_{32} \ln scjg_{t-1} + \beta_{33} \ln hj_{it} + \beta_{34} \ln hj_{it} \times uc + \varepsilon_{3t} \qquad (4-5)$$

其中，$scjg_t$ 表示第 t 期消费需求的赋值；Y_P 表示持久收入；hj_{it} 表示互联网金融的第 i 个变量第 t 期的赋值（j=5）；$\ln hj_{it} \times uc$ 表示减小互联网金融相关收益的不确定性的效果的方差项。若 β_{34} 显著不为零，互联网金融能够通过减小收益的不确定性来影响居民的消费需求。

（4）降低流动性约束效应

学者们通过对消费问题进行研究，提出以下观点：市场不充分是导致理论上的消费行为与实际行为存在一定出入的原因，而流动性或借款限制往往被当作对市场不完全进行阐释的一个因素。消费者在借贷额度上受到的限制，是导致个体决策的流动性受到限制的原因。为了防止公私部门过度举债，导致这些部门在后期因财富不足而出现难以偿还借款的情况，应对金融市场的流动性进行约束，以免跨期资源无法均匀分配。近期，学者们对流动性约束的作用与意义进行了研究，并研究了流动性约束与居民消费、政府政策的关系。在无法确定未来所得的情况下，假如限制个人贷款金额，则个体会产生通过储蓄来防范潜在风险的动机，从而规避潜在的风险。此外，流动性约束也被用于模型中，作为拒绝检验居民消费与财富过度敏感性的关系的理由之一。在政府政策效果方面，流动性约束发挥着重要作用，例如，Bernbeim（1987）与Hayford（1989）在对个人面对的变化进行探讨时，指出政府政策的效果是由水平的平滑能力决定的。本书将 Bernbeim（1987）和 Hayford（1989）二人提出的模型，对是否存在居民流动性限制进行验证，以下为具体模型：

$$\Delta C_t = \alpha + \beta \Delta y_t + \varepsilon_t \tag{4-6}$$

其中，ΔC_t 为 t 时间居民的人均消费支出的相关变化，Δy_t 为 t 时间居民的人均可允许支配收入的相关变化，ε_t 为随机扰动项。假设 β 显著不为零，那就表明流动性约束是存在的，假设 β 显著为零，那就表明流动性约束是不存在的。而在居民受到流动性风险影响的基础上，验证互联网金融是否可以通过减小流动性风险而对个体消费需求带来一定影响。个体的消费行为会因流动性风险的存在而存在短视性的特点，这也导致个体的当期收入对其消费行为带来主要影响，而不是因非持久收入受到显著影响。本书基于检验结果，在所建立的模型中加上有关互联网金融的相关自变量，同时还要加上 GDP 来消除宏观经济政策所带来的影响。结合全部数据的自然对数，创建实体模型方程式：

$$Con_t = \alpha_{21} + \beta_{21}\Delta\ln hj_{it} + \beta_{22}\Delta\ln Y_t + \beta_{22}\Delta\ln gdp_t + \varepsilon_{2t} \qquad (4\text{-}7)$$

其中，ΔCon_t 表示消费需求对数的相关变化；Δhj_{it} 表示互联网金融中不同类型的指标对数的相应变化。hj_{it} 表示互联网金融中第 i 个变量第 t 期的取值（j=5）。该模型指出：当消费者的消费交易行为受到流动性风险影响的情况时，消费市场会因收益以及互联网金融的波动变化而受到一定影响。另外，互联网金融的变化，特别是贷款平台的变化，可以将客户受到的流动性风险影响的变化反映出来，说明互联网金融能够降低流动性约束。

4.3 实证分析

4.3.1 互联网金融对居民消费需求变动的影响

（1）平稳性检验

平稳性检验结果见表4-2。

表4-2　　平稳性检验结果

变量名	检验类型 (c, t, p)	ADF	10% 临界值	5% 临界值	1% 临界值	P 值	是否 平稳
lnCon	(1, 1, 6)	-2.5588	-3.26888	-3.6585	-5.5883	0.3055	非平稳
lnpay	(1, 0, 3)	-0.5511	-2.6388	-2.8881	-3.8528	0.8635	非平稳
lnmf	(1, 1, 0)	-2.8886	-3.2335	-3.5850	-5.3561	0.2088	非平稳
lnins	(0, 0, 3)	1.8502	-1.6085	-1.8565	-2.6685	0.8858	非平稳
lnive	(1, 1, 6)	-2.8302	-3.2680	-3.6585	-5.5883	0.1855	非平稳
lnP2P	(1, 0, 0)	-0.8618	-2.6288	-2.8810	-3.8115	0.8132	非平稳
lny	(1, 0, 5)	-1.8515	-2.6522	-3.0058	-3.8686	0.3583	非平稳
lngdp	(1, 1, 5)	-2.5353	-3.2558	-3.6328	-5.5508	0.3538	非平稳
DlnCon	(0, 0, 5)	-8.8883	-1.6085	-1.8581	-2.6858	0.0000	平稳
Dlnpay	(1, 0, 2)	-5.3688	-2.6388	-2.8881	-3.8528	0.0002	平稳

续表

变量名	检验类型 (c, t, p)	ADF	10% 临界值	5% 临界值	1% 临界值	P 值	是否 平稳
Dlnmf	(1, 0, 0)	−5.2363	−2.6326	−2.8862	−3.8251	0.0003	平稳
Dlnins	(1, 1, 0)	−5.1232	−3.2335	−3.5850	−5.3561	0.0166	平稳
Dlnive	(1, 1, 1)	−5.8302	−3.2531	−3.6122	−5.3853	0.0038	平稳
DlnP2P	(1, 0, 0)	−5.8811	−2.6326	−2.8862	−3.8251	0.0001	平稳
Dlny	(0, 0, 3)	−2.8800	−1.6082	−1.8582	−2.6853	0.0080	平稳
Dlngdp	(0, 0, 3)	−2.0083	−1.6082	−1.8582	−2.6853	0.0550	平稳

注：c表示临界值（0=无临界，1=有临界），t表示趋势项（0=无趋势，1=有趋势），p表示滞后期数。

检验结果可以看到，lnCon、lny、lnP2P、lnins、lnmf、lnpay、lngdp、lnive的ADF值全都超出了检验的阈值，同时其P值也都高于0.1。即研究结果指出，互联网金融指标、居民消费需求以及控制变量序列都具备非平稳性。对上述序列进行处理，所得ADF统计量均在临界值以下，所对应的P值均在0.05以下。实证研究结果指出原假设是成立的，这就意味着序列具备平稳性，不存在单位根。鉴于城镇化率的变化时间较长，并且研究样本不充分，故不对其平稳性进行进一步检验。

对检验结果进行分析不难发现，互联网金融相关变量、消费需求以及控制变量序列均不具备平稳性，但在进行一阶差分之后，渐渐趋于平稳，这就意味着全体变量都是一阶单整变量。

（2）协整检验

经检验，伪回归现象并不存在。本书使用Johansen方法来检验模型，通过检验判断不同变量之间是否存在协整关系。第一，针对各模型构建VAR模型，使用AIC以及SC标准，对模型的最优滞后阶数进行判断。第二，基于最优滞后阶数进行模型重估，之后进行再次检验，所得结果见表4-3。

表4-3 Johansen 检验结果

序列	滞后阶数	原假设	迹统计量	临界值（%）	P 值	是否协整
lnpay	1	None*	423.8332	95.7436	0.0001	是
lnmf	1	None*	422.4202	95.7526	0.0001	是
lnins	1	None*	422.8326	94.7535	0.0001	是
lnive	1	None*	434.3537	94.7442	0.0001	是
lnP2P	1	None*	418.5656	94.7428	0.0001	是

注：*表示在显著性水平为5%时具有显著性。

对模型的 Johansen 检验结果进行分析不难发现，针对第一组序列，即在互联网金融变量为网络支付的对数（lnpay）的情况下，原假设并不存在协整关系，其统计量为423.8332，高于95.7436的临界值，所对应的 P 值在0.05以下，这就意味着原假设不成立，表明至少存在一个协整关系。可按照这种方式来判断其他序列组的协整关系。研究结果指出，协整关系存在于五组变量中。这就意味着尽管变量自身并不具备平稳性，但变量构成的线性组合却具有平稳性，变量之间存在一定关系，并且这种关系处于长期均衡的状态。

（3）回归分析

回归分析结果见表4-4。

表4-4 回归结果

变量	消费需求			
lnpay	0.3852*** (2.1886)			
lnmf		0.3278*** (4.3162)		
lnins			0.0562 (1.6222)	
lnive				−0.0036 (−0.1024)

续表

变量	消费需求				
lnP2P					−0.0910***
					(−2.2646)
lny	0.2128***	0.2414***	0.2212***	0.1986***	0.1750***
	(4.0012)	(5.5866)	(3.6866)	(3.1212)	(3.2892)
lngdp	−0.1526	0.1832***	−0.0598	0.0276	0.0635
	(−1.2186)	(2.3524)	(−0.5632)	(0.2562)	(0.7286)
C	−5.7242***	−10.1722***	−2.7032	−3.0254	0.0916
	(−2.8126)	(−4.8692)	(−1.5508)	(−1.1482)	(0.0416)

注：***、**、*分别表示显著性水平为1%、5%、10%下的显著性；括号中的数值为t统计量。

本书通过实证研究得出以下结论，由于互联网金融的模式存在一定差异，它们对消费需求的影响也各不相同。整体看来，lnpay与lnCon呈正相关，并且二者的相关性较为显著，lnpay每发生1个单位的增长变化，lnCon的平均数值会发生0.3852个单位的增长变化。网络支付具备额度较小、频率较高的特点，主要应用于与居民生活存在密切联系的一些场景，因此网络支付的场景以满足人们在饮食、穿衣、居住、出行等方面的基本需求为主，与消费需求呈正相关，并且二者的相关性较为显著。

互联网货币基金与客户消费需求之间呈正相关，并且二者的相关性较为显著，lnmf每发生1个单位的增长变化，lnCon平均发生0.3278个单位的增长变化，表明互联网货币基金对消费的影响以低级生存型消费为主。鉴于互联网货币基金的主要目标在于减少居民因防范风险而产生的储蓄行为，而这些资金原本是用于消费、满足居民自身的基本生存需求的，因此对于基本生存型消费而言，由此节省的转化成本并未产生"余出"效应。另外，mf的主要作用并非通过投资来实现价值增长的目标，而在于规避通胀风险，以免遭受损失，因此会对生存型消费带来一定影响，这表明网络货币基金对消费需求的影响是通过使基本生存消费保持稳定来传导的。

互联网保险并不会对消费需求带来较为明显的影响。本质上，保险是对未知风险的管控，网络保险可以将居民因未知风险而面临的损失最小化。但是，网络保险的发展时间较为短暂，尚未形成较大的市场规模、未能实现成熟发展，无法对消费需求带来显著影响。居民消费需求对网络投资的敏感度较低，可能是因为当前居民缺乏良好的金融素养、未能深化对互联网投资平台的认知、平台未能发展成熟。

网络贷款与居民消费需求呈负相关，并且这种相关性较为显著。lnP2P每发生1个单位的增长变化，lnCon的平均数值会发生0.0910个单位的下降变化。这意味着网络贷款会对居民消费需求起到明显的刺激作用，居民普遍将通过网络贷款获得的资金用于文娱、医疗等方面的消费支出。

按照影响水平，电子支付指数为0.3852，网络货币型基金、网络贷款会对消费需求带来最为显著的影响。处于启动环节的网络保险以及投资平台并不会对消费需求带来显著影响。整体看来，网络支付与货币型基金具备良好的流动性，消费者的接受度较高，网络贷款正值增长阶段，具备良好的发展动力。第一，其能使居民的消费需求得到明显提升。第二，在将居民网络保险、货币型基金作为调节变量的情况下，居民的消费需求会受到自身的可支配收入显著影响。换言之，居民的消费水平会随着收入的提升而出现同步变化，居民的生存型消费会随着可支配收入的提升而出现同步变化。总之，居民的消费需求会因城镇化建设而受到显著的影响，城镇化建设对消费需求的增长起到了良好的促进作用，表明在居民渐渐向城区迁徙的过程中，居民的消费也渐渐向享受型发展的方向转变。gdp和社保并不会对居民消费需求带来显著影响，二者均为长期性自变量，在较短的时间内，并不会对居民消费需求带来显著影响。

4.3.2 互联网金融对居民消费需求影响的效应分析

（1）提高消费倾向效应

网络支付与网络信用贷款的结合在提升居民支付的便捷性的同时，

能够帮助消费者减小当期经济压力，增强居民的消费意向，刺激居民产生消费行为。相较于传统信用贷款而言，网络消费信用贷款更会对消费者受到的流动性以及预算制约起到明显的作用。它有利于居民恢复消费行为，促使消费者进行高频消费，进而对居民的消费倾向起到一定的提升作用。

①验证互联网金融是否具有提高消费倾向效应

通过 ADF 检验来分析数据的平稳性，不难发现变量均为一阶单整，另外，模型均通过 JJ 协整检验。使用 Eviews8.0 进行回归分析，所得结果见表4-5：

表4-5　　　　互联网金融的提高消费倾向效应回归结果

变量	lnAPC				
lnpay	0.0750*** (4.0510)				
lnmf		0.0692*** (3.7482)			
lnins			0.0468*** (3.4892)		
lnive				0.0243** (2.7540)	
lnP2P					0.0181*** (3.7254)
$lnAPC_{t-1}$	0.1886** (2.7286)	0.2122*** (3.0625)	0.1784** (2.3513)	0.2335*** (3.0696)	0.2165*** (3.1342)
lns	−0.2276*** (−11.9929)	−0.2379*** (−12.2812)	−0.2246*** (−12.0618)	−0.22591*** (−11.0196)	−0.2286*** (−12.3932)
c	1.0212*** (7.8018)	1.1227*** (8.9365)	1.1047*** (8.4292)	1.2612*** (9.5662)	1.2996*** (10.8312)

注：***、**、*分别表示显著性水平在1%、5%、10%下的显著性；括号中的数值为t统计量。

对以上回归结果进行分析，不难发现，居民的平均消费倾向与多样化的互联网金融模式呈正相关，并且这种相关性较为显著，这就意味着互联网金融能提升消费者的消费倾向。具体而言，对居民平均消费倾向影响最为显著的是互联网支付，平均消费倾向对数（lnAPC）会随着网络支付对数（lnpay）新增1个单位而平均增加0.075个单位。对居民平均消费倾向影响较为显著的是互联网货币基金，排在第三的是互联网保险，排在第四的是互联网投资。影响最小的是互联网贷款，其对数（lnP2P）每新增1个单位，消费倾向对数（lnAPC）平均增加0.0181个单位，互联网贷款对居民消费的影响仅为互联网支付的四分之一左右。

②验证互联网金融通过提高消费倾向效应对居民消费需求产生的影响。

对样本数据进行检验可知，序列具有非平稳性，进行处理后的序列处于平稳状态，这就意味着全体变量均为一阶单整变量。经协整分析以后，模型均通过检验。因此，可以采用回归分析法对变量直接进行研究，具体分析见表4-6：

表4-6　　　　提高消费倾向效应对消费需求影响的回归结果

变量	lnCon				
lnpay×lnAPC	0.0346*** （3.7686）				
lnmf×lnAPC		0.0326*** （3.8164）			
lnins×lnAPC			0.0322*** （3.7628）		
lnive×lnAPC				0.0318*** （4.1962）	
lnP2P×lnAPC					0.0294*** （4.3562）
lnY_p	0.1262*** （3.7022）	0.1282*** （3.7714）	0.1212*** （3.8142）	0.1342*** （4.2382）	0.1646*** （4.8014）
$lnCon_{t-1}$	0.7322*** （7.5228）	0.7456*** （7.635）	0.7216*** （7.4587）	0.6938*** （7.3772）	0.6214*** （6.6644）
c	−1.0202*** （−3.6272）	−1.0366*** （−3.7216）	−1.0656*** （−3.7688）	−1.1982*** （−4.2472）	−1.4709*** （−4.8722）

注：***、**、*分别表示显著性水平为1%、5%、10%下的显著性；括号中的数值为t统计量。

对表4-6数据进行分析可知，互联网金融与消费需求存在显著的相关性，这种影响是通过互联网金融对于居民消费倾向的提升效应来传导的，并且这种影响作用以生存型消费层次为主。通过进一步分析不难发现，在互联网金融模式存在一定差异的情况下，它对消费倾向的提升效应也存在一定差异，且这种效应对消费需求的影响作用也各不相同。结合消费倾向的提升效应进行分析，对消费倾向的提升效应最为明显的是互联网支付，排在第二的是互联网货币基金，影响最小的是互联网贷款，互联网保险的影响作用排在第三，互联网投资的影响作用排在第四。互联网金融对居民消费需求的影响程度的排序一致，并且在各种类型中，互联网金融与APC的交互项系数均大于零，这也意味着互联网金融对居民消费的提升效应集中体现在生存型消费方面。

（2）保障效应

按照生命周期假说，可以将个体一生划分为无收入状态的幼年阶段、自力更生状态的青中年阶段、利用保险或存款安度晚年的老年阶段。在幼年阶段，个体可以通过父母获取经济上的支持，但成年后，个体只能通过个人劳动或服务来获取生活收入来源。因此，个体要想为完整生命周期的消费提供有力保障，就应对自身的收入进行科学规划，这是防范性储蓄的动因。这种动因能够激发个体的储蓄行为，使他们的消费支出减少。而互联网保险以及货币基金不仅具备银行存款这种传统理财方式的保障功能，还能使消费者从中获取收益，从而起到刺激消费的作用。因此，我们指出互联网金融对消费行为保障机制的影响主要来源于这两个方面。本书参照不确定性收入对居民消费率的不对称影响的研究方法，做出消费者服从"前景理论"假说的假设，即在预期收入不稳定的情况下，消费者更倾向于防范风险。消费者的收入增长情况会给其消费决策带来决定性影响。在消费者的收入增长率比前期增长率高的情况下，能起到刺激消费需求的作用。反之则消费者更倾向于防范风险，会减弱其消费需求。这意味着收入不确定会对消费者的个人收入以及消费行为带来一定影响。

本书通过检验居民收入不确定性与互联网金融变量的交互项，判断互联网金融是否能起到加大保障力度的作用。假如系数不为零，则表明互联网金融对消费需求的影响是通过降低居民收入的不确定性来传导的。表4-7为模型的回归分析结果：

表4-7　　　互联网金融的保障效应对消费需求影响的回归结果

变量	lnCon			
lnpay	−0.0446 （−1.7132）			
lnmf		0.0632** （2.7942）		
lnins			−0.0192 （−0.6822）	
lnive				−0.0212** （−2.4242）
lnP2P				−0.0162** （−2.5662）
lnpay×uc	0.0222*** （2.8722）			
lnmf×uc		0.0226*** （3.3662）		
lnins×uc			0.0164** （2.3222）	
lnive×uc				0.0192*** （3.0525）
lnP2P×uc				0.0186*** （3.2585）

续表

变量	lnCon				
lnY_p	0.1642*** (2.8742)	0.2127*** (3.8881)	0.1064** (2.2269)	0.1658*** (3.6370)	0.1972*** (3.6750)
$lnCon_{t-1}$	0.5246*** (3.6662)	0.5228*** (4.5912)	0.6455*** (5.0060)	0.5238*** (4.3188)	0.4289*** (3.0250)
c	1.3332*** (−3.1514)	1.6446*** (−4.1255)	0.9742** (2.5096)	1.4572*** (−3.7622)	1.7744*** (−3.8173)

注：***、**、*分别表示显著性水平为1%、5%、10%下的显著性；括号中的数值为t统计量。

通过实证分析不难发现，互联网金融有助于降低个人收入的不确定性从而强化保障作用，进而提升消费需求。也就是说，消费需求会因互联网金融受到正向影响，并且这种影响较为显著，这也意味着，互联网金融通过提升居民收入的确定性，为居民的生存性消费提供了保障，能起到提升消费需求稳定性的作用。结合互联网金融对消费需求的影响进行分析，影响最大的是互联网货币基金，其次是互联网支付，第三是互联网投资，第四是互联网贷款，影响最小的是互联网保险。因互联网支付已发展得较为成熟，它能为生存型消费提供保障，这种保障作用是通过对小额支付的平滑作用来传导的；互联网投资对于居民消费的保障作用是通过获得理财收益来传导的；互联网贷款对居民消费的保障作用是通过居民收入的平滑效应来传导的；互联网保险对居民消费的保障作用最小可能与保险对居民生存型消费的影响较小有关。

（3）降低流动性约束效应

按照生命周期假说理论，居民终生获得的收入恰好能满足自身的消费需求是效用的最佳状态。消费者会结合自身经济状况制定相应的消费计划，从而实现这一目标。消费者在做出决策以前，会考虑完整的生命周期。例如，为后期的房车购置等制定相应的计划，降低目前的消费水平。在这种情况下，消费行为会因消费者在预算、流动性上受到的限制而受到抑制。互联网金融提供的分期支付功能，能在较短的时间内，在不增加消费者经济压力的基础上，使消费者对生活用品的需求得到满足，为消费者进行连续消费提供保障，从而减小流动性的限制作用。

①流动性约束检验

为方便求解以及将预防性储蓄的产生限制在流动性约束之下，研究采用平方项效用函数：$U（c）=Ac-Bc^2/2$，代入一阶条件，选取ADF模型对变量进行平稳性检验，通过求解各期最佳消费决策，检验流动性约束是否存在。选取ADF模型对变量进行平稳性检验，结果见表4-8：

表4-8 ADF检验结果

变量	检验类型(c, t, p)	ADF	10%临界值	5%临界值	1%临界值	P值	是否平稳
Dc_t	(0, 0, 8)	−2.0926	−1.6122	−1.9466	−2.6212	0.0362	平稳
Dy_t	(0, 0, 0)	−2.0136	−1.6232	−1.9462	−2.6046	0.0432	平稳

按照ADF检验结果，数列Dc_t和Dy_t均具备平稳性，因此可通过最小二乘法的使用来建立模型，对流动性的限制效应进行检验，具体验证结果见表4-9：

表4-9 流动性约束检验结果

变量	系数	标准差	T统计量	P值	R^2
Dy_t	0.7266	0.0360	20.5282	0.0000	0.8690

由回归结果可知，人均可支配收入变动的P值为0，系数β显著不为0，人均可支配收入的变动能够显著引起人均消费开支的显著变化，居民的消费在很大程度上受流通性的影响。最终的结果为0.8690，这说明模型具有高度的拟合度。

②降低流动性约束效应检验

为进一步研究互联网金融是否可以通过P2P借贷等形式减少家庭的流动性约束，改善消费需求，对流动性约束效应进行回归，结果见表4-10：

表4-10 　　　　　　　　　　流动性约束效应回归结果

变量	△lnCon				
△lnpay	0.0286 （0.3012）				
△lnmf		0.0822 （1.2808）			
△lnins			0.0062 （0.3396）		
△lnive				−0.0226 （−0.6643）	
△lnP2P					−0.0532* （−1.8906）
△lnY$_t$	0.1148 （1.5654）	0.1326* （1.8236）	0.1166 （1.5116）	0.1095 （1.5126）	0.1292* （1.8652）
△lngdp	0.09562 （0.7878）	0.1282 （1.1276）	0.1054 （0.9032）	0.0970 （0.8316）	0.0926 （1.3512）
c	−0.0028 （−0.5682）	−0.0048 （−1.1048）	−0.0122 （−0.5662）	−0.0007 （−0.1682）	0.0026 （0.5982）

注：***、**、*分别表示显著性水平为1%、5%、10%下的显著性；括号中的数值为t统计量。

对检验结果进行分析，不难发现，在互联网贷款条件发生变化的情况下，国民消费需求会受到一定影响，意味着在存在流动性限制的基础上，消费需求对互联网贷款较为敏感。考虑到回归系数的数值在零以下，这意味着互联网贷款对于居民享受型消费的促进作用是通过减小流动性风险来传导的，这对消费需求起到了一定的刺激作用。

4.4　本章小结

本章使用互联网金融指数建立模型对互联网金融与消费需求变化的

关系进行研究，经检验后得出以下结论：在存在流动性限制的基础上，网贷会对消费需求带来一定影响。因回归系数小于零，这也意味着网络贷款可以采用降低流动性的方式对生存型消费起到一定的推动作用，从而刺激居民消费。

5 互联网金融对消费增进效应的实证分析

经典消费理论指出，使用理性预期模型推测出的理论消费行为与实际消费行为存在一定偏差。因此，Flavin（1981）采用实证分析方法，对恒常所得假说进行了证实，对消费者的理论消费行为以及实际消费行为存在一定出入的现象进行了研究。人们普遍认为，市场未能充分发展是导致理论上的消费行为与实际行为存在一定出入的原因，而学者们往往会使用流动性或借款约束这两个因素来阐释市场未能全面发展的现象。例如 Deaton（1991）指出借款约束可作用于个体持有的财富类型。借款约束会对最佳投资组合方案带来一定影响，主要是个体为了防止未来财富过低，而使自身面临流动性的约束，因此会产生对不同期限的资产分期规避风险的需求。目前，学者对互联网金融与消费的关系进行了大量研究，指出互联网金融产品和服务会对居民消费带来全面影响。例如互联网信贷使得原有的信用贷款服务方式发生了变化，提升了借贷的便捷性，可以降低居民在信用贷款方面受到的限制，降低流动性束缚，进而刺激家庭消费。以余额宝为首的网络投资为居民提供了丰富的理财渠道，使居民通过理财获得了更高的收益，对家庭财富的增长起到了良好的推动作用，进而增加了家庭消费。而数字支付平台能帮助居民以更低的成本、更短的交易时间获取金融服务、进行交易，提升了家庭消费的支付效率。互联网保险的推出，使居民能够更加便捷地购买保险，居民为应对未知风险而产生的消费支出会大幅减少，从而起到刺激居民消费的作用。

本章参考有关互联网金融对消费影响的研究文献，提出了研究假设，在基本收入支出模型基础上加上互联网支付变量、互联网信贷变量、互联网保险变量和互联网基金变量，对2014年3月至2020年3月面板数据进行实证分析，研究互联网金融各个变量对居民消费的平滑效应，探讨互联网金融影响家庭消费的可能途径。

5.1　研究假设的提出

杨姝平、刘诗颖（2018）认为线上消费促进了第三方支付的诞生与发展，同时第三方支付也进一步促进了线上消费的增长，二者存在相互联动效应。洪铮（2021）对数字金融发展对家庭消费的影响的研究发现，数字包容性金融可以通过放松流动约束、提高支付便利两个渠道促进家庭消费发展。吕可可、张炜熙、刘璐（2018）指出网络货币基金等多样化的理财产品依托于较高的投资回报率吸引用户购买，抑制了居民的即期消费，但这种投资会提升居民后期的收入水平，从而为居民未来消费能力的提升提供有力支持，总而言之，互联网金融对居民消费的影响是通过收入效应来传导的。基于上述研究观点，本研究提出如下假设：

假设5.1：互联网支付指数和互联网信贷规模对居民消费需求有正向促进作用。

在家庭经济学和金融方面，贝克等人（2018）的研究发现，移动支付有助于提高创业执行水平，减少信息不对称的程度，从而提高创业绩效，它也通过提高居民收入，减少流动性限制，使居民产生更为强烈的消费需求。张李义（2017）通过互联网金融的三个效应来展示其相对于传统金融的优点，并且互联网金融与居民消费升级之间存在显著的相关性。

Dai-Won K（2018）认为互联网金融可以使所有家庭享受公正的金融服务，可以使在社会中处于不利地位的群体获得金融支持进而起到平滑消费的作用，实现对资源的科学分配、风险减小，获得更高的收入，有效提高居民消费水平。

Leland（1968）将不确定性风险引入消费理论，对保险与消费的关系理论与实证研究证实：保险与居民消费息息相关，网络保险能带动技术创新、改善产业结构、减小风险的集中程度，居民可通过网络保险来提升即期消费水平。基于上述研究观点，本研究提出如下假设：

假设5.2：互联网保险指数和互联网货币基金指数的提高对居民消费需求有正向促进作用。

邢天才、张夕（2016）将消费信用贷款划分成四种类型，结合负债表进行研究，发现消费信用贷款能够刺激居民进行消费。于洋（2018）从三个层面对互联网金融与居民消费的关系进行了进一步研究，如余额宝等基金产品的推出，提升了居民获得金融产品服务的利率水平，增加了居民的预期收入，从而对居民消费起到一定的推动作用；此外，余额宝等基金可以简化手续，使居民能够不受时空限制地进行提现消费，使得居民消费的便捷性得到了大幅提升；最后，互联网金融服务提升了电商的便捷性、安全性，进而激发了人们的消费冲动。

凌炼（2016）通过研究指出，互联网金融的支付等五种功能与居民消费的关系体现在以下三个层面：①这五种互联网金融功能能起到平滑居民消费的作用；②这五种互联网金融功能能够为居民消费提供有力保障；③这五种互联网金融功能能够帮助居民实现增值目标。互联网信贷可以起到平滑居民消费支付与预算的作用；在居民消费阶段，互联网金融的风险管理功能能够为居民提供财务保障；互联网投资兼具财富、收入效应，能够帮助居民通过消费获得更大的价值。基于上述研究观点，本研究提出如下假设：

假设5.3：互联网投资指数对居民消费需求有正向促进作用。

5.2 研究设计

5.2.1 模型设定

Allen 等人的研究发现，金融机构、金融体系根据给予不同期限的存款、投资机会，投资人可以运用存款和持股的资产完成贷款逾期消费，使居民消费畅顺。Bazzi 等（2015）对收入水平较低的家庭的消费平滑行为进行研究后指出，在合理范围内，可使用家庭存款来实现平滑消费的目标。本书使用了 Asdrubali 与 Kim（2008）提出的方法来验证互联网金融对消费行为的平滑作用，本书使用了前文提到的 5 个北京大学互联网金融发展指数，采用实证研究方法来探究互联网金融与居民消费之间的关系，对二者之间是否存在平滑效应进行检验。

5.2.2 变量说明

结合我国的统计公报得出与消费者相关的变量数据，可以将消费者的消费分为三种类型，即生存型、发展型、享受型消费。其中前者涵盖居民日常的饮食、住宿方面；发展型涵盖日常的穿和行，主要是服饰和交通方面；享受型则包括文化教育、游戏娱乐、健康医疗支出等。三项支出可以有效体现消费者消费方式的转变，体现居民生活水平。

应找出可以反映平滑机制的代理变量，从而揭示互联网金融对居民消费的影响机制。本书选用两个变量来验证这种平滑机制，一个变量是pay，它对居民消费行为的影响是通过支付平滑来传导的，另一个变量是P2P，它对居民消费的影响是通过对预算的平滑作用来传导的；本书将ins、mf两个变量作为自变量对保障机制进行验证，检验二者通过互联网金融为居民提供保障，对消费行为带来的影响；本书将inv作为自变量对增值机制进行验证，检验该变量通过促使居民获得更多的财富而对消费行为带来的影响。

5.3 数据来源与预处理

由于互联网金融出现较晚，2014年左右才产生，时间序列分析短，变量数据信息升级慢，用省际控制面板一季度数据开展实证分析检测。居民消费支出可以分为三种类型：即生存型（liv）、发展型（dev）、享受型（enj）消费支出。本书主要按照统计年鉴数据，结合递增趋势对季度数据进行估算。P2P指数基于平台的月度交易数进行汇总计算，其他四项指数均源自北京大学互联网金融研究中心网站。居民人均可支配收入（inc）数据来自国家统计局官方数据库。为了更好地获得各变量的关联数据信息，将时间区段设置为2014年3月至2020年3月，获得时间样本数据信息。

因为截面数据容易有大的标准差，为了避免这一现象的出现，我们采用了对数解决的方法，在经过数据的相应处理之后，根据每个数据计算了lnliv、lndev、lnenj、lninc、lnpay、lnP2P、lnins、lnmf。

5.4 互联网金融对消费增进的平滑效应

互联网金融对居民消费增进的平滑效应主要来源于互联网支付与互联网信贷。第一，互联网支付渠道的建立与普及克服了传统支付方式的弊端，使得人们在支付时不受时空因素的限制，更加高效地进行消费支付，使消费者的潜在需求得到满足，促进消费者进行连续消费，起到平滑消费的作用。第二，互联网金融将线上支付与互联网信贷结合起来，提升了消费者支付的便捷性，也减小了短期内消费者的经济压力，增强了消费者的消费意识，能够刺激他们的消费行为。相较于传统信用贷款，互联网信贷更能帮助消费者降低流动性风险、减小预算的限制，提升消费行为的连续性与频率，从而起到平滑消费的作用。

5.4.1 模型构建

本研究将居民消费结构分为生存型消费、发展型消费和享受型消费。在基本收入支出模型的基础上加上互联网支付变量、互联网信贷变量、互联网保险变量和互联网基金变量来衡量互联网金融对居民不同消费形态的支付平滑和预算平滑的影响效应。

$$Con_t = a + \beta_1 inc_t + \beta_2 pay_t + \beta_3 P2P_t + \beta_4 ins_t + \beta_5 mf_t + \mu_t$$

Con_t表示t时期居民消费支出水平，inc_t表示t时期居民人均可支配收入，pay_t表示t时期互联网支付指数，$P2P_t$表示t时期的互联网信贷指数，ins_t表示t时期互联网保险指数，mf_t表示互联网货币基金指数，β_1和β_2表示支出对居民人均可支配收入的系数以及对互联网支付指数的系数，a表示截距，μ_t表示随机扰动项。先进行对数计算然后将不同种类的消费支出代入上述模型中计算得出：

模型5.1，生存型消费支出模型：

$$\ln liv = a_1 + \beta_1 \ln inc_t + \beta_2 \ln pay_t + \beta_3 P2P_t + \beta_4 ins_t + \beta_5 mf_t + \mu_{t1} \quad (5-1)$$

模型5.2，发展型消费支出模型：

$$\ln dev = a_2 + \gamma_1 \ln inc_t + \gamma_2 \ln pay_t + \gamma_3 P2P_t + \gamma_4 ins_t + \gamma_5 mf_t + \mu_{t2} \quad (5-2)$$

模型5.3，享受型消费支出模型：

$$\ln enj = a_3 + \delta_1 \ln inc_t + \delta_2 \ln pay_t + \delta_3 P2P_t + \delta_4 ins_t + \delta_5 mf_t + \mu_{t3} \quad (5-3)$$

5.4.2 描述性统计分析

变量描述性统计的具体结果在表5-1中列出。

表5-1 变量描述性统计

变量	最大值	最小值	均值	标准差
生存型消费支出（亿元）liv	5 742.22	1 782.42	3 266.24	1 272.82
发展型消费支出（亿元）dev	1 713.62	496.79	1 226.06	329.76
享受型消费支出（亿元）enj	1 658.62	452.14	918.62	322.82
人均可支配收入（元）inc	52 862.10	6 522.00	21 971.61	12 122.12
互联网支付指数pay	1 188.87	252.75	644.48	262.43
互联网信贷规模P2P	432.42	2.59	76.59	119.63
互联网保险指数ins	2 435.68	374.16	1 067.43	428.46
互联网货币基金指数mf	1 402.46	269.58	728.02	316.83

数据来源：根据相关资料整理。

5.4.3 模型估计

（1）变量平稳性检验

使用LLC、ADF、PP三种方法来检验不同变量的平稳性，检验结果表明，原序列的平稳性不符合要求。对原序列进行一阶差分以后，在显著水平为5%的情况下已趋于平稳，这表明在平稳性方面，lnliv、lndev、lnenj、lninc、lnpay、lnP2P、lnins、lnmf均符合要求，并且都是一阶单整。变量lnliv、lndev、lnenj均与lninc、lnpay、lnP2P、lnins、lnmf存在长期稳定的关系，检验结果见表5-2。

表5-2 变量平稳性检验结果

变量	差分阶数	检验方法（c，t，k）	LLC	ADF	PP	检验结果
lnliv	1	（0，0，1）	−3.86242	44.5242	51.7020	平稳
			(0.0001)	(0.0002)	(0.0000)	
lndev	1	（0，0，1）	−3.03822	35.8366	36.1062	平稳
			(0.0012)	(0.003 0)	(0.0028)	
lnenj	1	（1，0，1）	−1.98162	17.4418	28.3130	平稳
			0.0238	0.3566	0.0292	
lninc	1	（1，0，0）	−3.70494	28.3860	28.9512	平稳
			0.0001	0.0284	0.0242	
lnpay	1	（1，1，0）	−11.4722	52.7700	107.722	平稳
			0.0000	0.0000	0.0000	
lnP2P	1	（1，0，1）	−6.4226	36.1846	40.7783	平稳
			0.00020	0.002	0.0006	
lnins	1	（1，1，1）	−5.88362	32.5486	69.6626	平稳
			0.0000	0.0085	0.0000	
lnmf	1	（1，0，1）	−11.9246	54.3894	26.8072	平稳
			0.00020	0.0000	0.0427	

注：检验类型（c，t，k）中，c表示截距项（1=有截距，0=无截距），t表示趋势项（1=有趋势，0=无趋势），k是滞后期数，由AIC准则予以明确。

（2）协整检验

从变量平稳性检验结果可知，lnliv、lndev、lnenj三个变量分别与自变量lninc、lnpay、lnP2P、lnins、lnmf存在长期稳定的相关关系，因此使用Pedroni和Kao检验方法对以上关系进行协整检验，利用Eviews8.0软件实现。得出的结果见表5-3、表5-4、表5-5。

表5-3　　lnliv与lninc、lnpay、lnP2P、lnins、lnmf的协整检验

检验方法	检验假设	统计量名	统计量值	P 值
Kao 检验	H5.0：$\rho=1$	ADF	-5.522322^*	0.0000
Pedroni 检验	H5.1：$(\rho_i=\rho)<1$	Panel v-Statistic	-2.048272	0.9298
		Panel rho-Statistic	0.525352	0.6968
		Panel PP-Statistic	-2.126564^*	0.0162
		Panel ADF-Statistic	-1.723666^*	0.0362
	H5.1：$(\rho_i\neq\rho)<1$	Group-rho-Statistic	2.272106	0.9882
		Group PP-Statistic	-1.697223^*	0.0428
		Group ADF-Statistic	-1.162862	0.0206

注：*表示至少在10%的显著性水平下拒绝原假设，接受备择假设，滞后阶数由SIC准则确定。

由表5-3可知，在显著水平为10%的情况下，Liv与五项指数均通过Kao检验。另外，Pedroni检验结果表明，在显著水平为10%的情况下，通过协整检验的统计量有4个，从中不难看出，上述变量的确存在协整关系。

对表5-4数据进行分析不难发现，在显著性水平为10%的情况下，lndev与五项指数均通过Kao检验，而在Pedroni检验中验证了也有4个变量在10%的显著水平下通过协整检验，所以说，各变量之间是有协整关系的。

表5-4　　Indev与Ininc、Inpay、InP2P、Inins、Inmf的协整检验

检验方法	检验假设	统计量名	统计量值	P 值
Kao检验	H5.0：ρ=1	ADF	−5.242682*	0.0000
Pedroni检验	H5.1：（$ρ_i$=ρ）<1	Panel v-Statistic	−2.006266	0.9774
		Panel rho-Statistic	0.451902	0.6742
		Panel PP-Statistic	−2.374232*	0.0086
		PanelADF-Statistic	−2.032212*	0.0212
	H5.1：（$ρ_i$≠ρ）<1	Group-rho-Statistic	2.201136	0.9862
		Group PP-Statistic	−1.932162*	0.0262
		Group ADF-Statistic	−1.425882*	0.0483

注：*表示至少在10%的显著性水平下拒绝原假设，接受备择假设，滞后阶数由 SIC 准则确定。

表5-5　　Inenj与Ininc、Inpay、InP2P、Inins、Inmf的协整检验

检验方法	检验假设	统计量名	统计量值	P 值
Kao检验	H5.0：ρ=1	ADF	−5.541018*	0.0000
Pedroni检验	H5.1：（$ρ_i$=ρ）<1	Panel v-Statistic	−1.889596	0.9706
		Panel rho-Statistic	0.399146	0.6552
		Panel PP-Statistic	−2.701752*	0.0042
		PanelADF-Statistic	−2.32201*	0.0102
	H5.1：（$ρ_i$≠ρ）<1	Group-rho-Statistic	2.176652	0.9842
		Group PP-Statistic	−2.310826*	0.0112
		Group ADF-Statistic	−1.765486*	0.0386

注：*表示至少在10%的显著性水平下拒绝原假设，接受备择假设，滞后阶数由 SIC 准则确定。

对表5-5所得结果进行分析，以上模型的 Kao 检验结果表明，原假设不成立，Pedroni 检验结果表明，在显著水平为10%的情况下，通过检验的统计量有4个。综合以上，lnliv、lndev、lnenj 均与 lninc、lnpay、lnP2P 存在一种协整关系，并且这种关系处于长期稳定的状态。

（3）Hausman 检验

个体之间可能存在差异，如果不存在差异，则表明个体效应也不存在，就能构建固定效应模型；反之则就构建随机效应模型。在对面板数据进行估计时，应优先做出随机效应模型的假设。假如通过了估计结果，则表明应构建随机效应模型；反之则应构建固定效应模型。可通过豪斯曼检验对具体使用的模型做出判断。在检验阶段，做出以下假设：

H5.2：应选择随机效应模型（个体对解释变量不敏感）。

H5.3：应选择固定效应模型（个体对解释变量敏感）。

使用 E-views8.0 软件进行操作，得出 Hausman 检验结果，详见表 5-6。

表5-6 **Hausman检验结果**

模型	检验总结	卡方统计量	卡方自由度	P 值
生存型		52.72	3	0.0000
发展型	Cross-section random	112.62	3	0.0000
享受型		22.12	3	0.0000

由表 5-6 可知，三个模型经过 Hausman 检验，P 值均为零，表明 H5.2 并不成立，H5.3 成立，这意味着个体对解释变量较为敏感，应针对生存型、发展型、享受型消费支出与互联网支付指数、互联网信贷规模建立固定效应模型。

（4）模型形式的确定

具体来说模型一共有三种：

① 变参数模型：$y_i = \alpha_i + x_i\beta_i + u_i$

② 固定影响模型：$y_i = m + x_i\beta + \alpha_i^* + u_i$

③ 不变系数模型：$y_i = \alpha + x_i\beta + u_i$

根据 F 假设来判断具体哪一种形式适用，该检验的原假设如下：

H5.4：$\beta_1 = \beta_2 \cdots = \beta_N$

H5.5：$\alpha_1 = \alpha_2 \cdots = \alpha_N$

具体判断方法为：

用假设进行检验模型，就证明了假设。如果接受假设，那么模型就是可变截距模型，如果不接受假设，那么就是可变参数模型。用 F 统计量检验模型方式，S_1 表示自变量方程，S_2 表示不变截距尾方程，S_3 表示不变指数方程的残差平方和，再次检验后的结果见表5-7、表5-8。

表5-7　　　　　　　　　　三个固定效应模型的残差平方和

模型类型	S_1	S_2	S_3
生存型	0.142862	0.222666	2.682866
发展型	0.129622	0.165076	1.672426
享受型	0.226282	0.309132	2.646248

关于 *F* 统计量的计算公式：

$$F_2 = \frac{(S_3 - S_1)/(N-1)(K+1)}{S_1/[NT - N(K+1)]} \sim F\big[(N-1)(K+1),\ N(T-K-1)\big] \tag{5-4}$$

$$F_1 = \frac{(S_2 - S_1)/[(N-1)]}{S_1/[NT - N(K+1)]} \sim F\big[(N-1)K,\ N(T-K-1)\big] \tag{5-5}$$

表5-8　　　　　　　　　　模型形式确定结果

模型类型	F_1	F_2	临界值 F_1	临界值 F_2	结论
生存型	1.82	38.69	2.52	2.26	变截距模型
发展型	2.34	16.32	2.52	2.26	变截距模型
享受型	1.62	24.52	2.52	2.26	变截距模型

对表5-8的数据进行分析，求出三个模型的 F_1、F_2 值，与临界值进行对比，以上模型的 F_1 值均低于临界值，因此假设 H5.4 成立，F_2 均高于临界值，因此假设 H5.5 不成立，则以上模型均为变截距模型。

（5）模型估计结果

生存型模型估计结果、发展型模型估计结果和享受型模型估计结果分别见表5-9、表5-10、表5-11。

表5-9 生存型模型估计结果

省份	收入（lninc）	互联网支付（lnpay）	互联网信贷（lnP2P）	截距
	0.1062**	0.2722***	−0.0112	5.3552
广东				0.03224
北京				0.35286
浙江				0.03222
上海				0.44282
江苏				−0.10299
山东				−0.31462
安徽				−0.26632
河北				−0.24662
Adjusted R^2	0.9672			
Durbin−Watson stat.	1.922			
F-statistic	436.42			
Prob.（F−statistic）	0.0000			

注：***、**、*分别表示在1%、5%和10%的显著性水平下显著。

由表5-9可以，通过回归分析得知随机扰动项存在序列相关，极易对参数估计量的有效性带来负面影响，导致变量的检验结果变得毫无意义，可以通过广义差分法将原模型转变为差分模型，再使用相应的方法进行估计，对随机干扰项的数值进行估算，求得DW的数值为1.922，查n=72，k=3，α=0.05临界值表，得临界值du=1.49、dl=1.43，这里，du<DW<4-du，说明模型现在并不具有自相关关系。重新计算后的可决系数为0.97，模型具有较好的拟合性，F值等于436.42，P值等于0，生存型模型估计结果显著。

表5-10   发展型模型估计结果

省份	收入 （lninc）	互联网支付 （lnpay）	互联网信贷 （lnP2P）	截距
	0.1162**	0.2982***	0.0096	3.8816
广东				0.022004
北京				0.292428
浙江				0.121246
上海				0.175412
江苏				0.062707
山东				−0.138580
安徽				−0.346152
河北				−0.264550
Adjusted R^2	0.9860			
Durbin−Watson stat.	1.82			
F−statistic	382.68			
Prob.（F−statistic）	0.0000			

注：***、**、*分别表示在1%、5%和10%的显著性水平下显著。

由表5-10可以，用广义差分法来解决序列相关，即自相关的影响，将DW值等于1.82带入，用n=72，k=3，α=0.01查阅临界值表得出du=1.49，dl=1.43，并且du<DW<4-du，说明模型现在并不具有自相关关系。重新计算后的可决系数0.99，模型较为拟合，F值等于382.68，P值等于0，发展型模型估计结果显著。

由表5-11可以，DW值等于1.92。用n=72，k=3，α=0.01查阅临界值表得出du=1.49，dl=1.43，并且du<DW<4-du，说明模型现在并不具有自相关关系。重新计算后的可决系数为0.96，模型拟合良好，F值等于246.72，P值等于0，享受型模型估计结果显著。

表5-11 享受型模型估计结果

省份	收入 （lninc）	互联网支付 （lnpay）	互联网信贷 （lnP2P）	截距
	0.136 2**	0.3368***	0.0066	3.3426
广东				−0.167742
北京				0.291712
浙江				−0.078412
上海				0.361656
江苏				0.052638
山东				−0.152524
安徽				−0.346152
河北				−0.266742
Adjusted R^2	0.9582			
Durbin–Watson stat.	1.92			
F–statistic	246.72			
Prob.（F–statistic）	0.0000			

注：***、**、*分别表示在1%、5%和10%的显著性水平下显著。

5.4.4 回归结果分析

从上述的回归结果得出，居民收入是影响消费支出的重要因素，互联网支付方式的发展使得居民的消费支出更加便捷，互联网信贷规模的提升对居民各项消费支出的影响效果不显著。

互联网支付指数 pay 对生存型、发展型、享受型消费支出的增长系数分别为0.2722、0.2982、0.3368，这就意味着在 pay 发生1个单位的增长变化的情况下，居民的生存型消费会产生将近0.27个单位的增长变化，居民的发展型消费支出会发生将近0.3个单位的增长变化，居民的享受型消费支出会发生将近0.34个单位的增长变化。从中不难看出 pay 对三种消费支出的推动作用呈现出了递增的趋势。整体看来，网络支付确实能对居民消费起到一定的平滑作用，它通过线上支付使得居民在付款阶段不受时间、空间因素的限制，提升了居民支付的便捷性，进而对居民消费起到了一定的推动作用。互联网信贷规模会抑制居民的生存型支出，但对另外两种消费支出起到了轻微的促进作用，但这种影响作用并不明显。结合内在因素进行分析，互联网信贷规模的发展会对另外两种消费支出起到一定的促进作用，这是由于人们的消费心态较为保守，倾向于在保障基本生存支出的基础上进行另外两种消费，这也是当前大部分个体的经济水平。发展型、享受型支出的消费额度较小，人们更愿意采用手续简单、速度较快、额度较小的网贷方式，在这两项支出增加的情况下，整体收入依然维持在之前水平，势必会导致生存型支出减少。但互联网信贷对居民消费行为的影响效果不显著，首先，这与互联网信贷的发展时间较为短暂、并未将其应有的效果全面体现出来有关；其次，这与模型中的设定因素、其他因素并未体现出来有关。

5.5 互联网金融对消费增进的保障效应

互联网金融对居民消费的保障作用主要来源于互联网保险以及货币基金。按照生命周期假说，为了确保个体在生命周期的完整阶段都有充分的开销，个体应对终生的经济收入进行科学规划，这也是个体会产生储蓄动机进而抵御风险的根本原因。这种动机会对个体的储蓄行为起到一定的刺激作用，使得人们的即期消费支出减少。而在极大程度上，居民的储蓄行为可以被互联网保险以及互联网货币基金所取代，此二者不但具备银行存款等传统理论方式的保障功能，而且能使消费者从中获取收益，进而减少防范性储蓄，使消费者产生更强的信心，进而刺激消费行为。本书将互联网保险以及互联网货币基金两个变量加入基本收入支出模型中，从而对互联网金融对消费增加的影响进行评估，将保障作用发挥出来。

5.5.1 模型构建

在基本收入支出模型基础上加上互联网保险和互联网货币基金变

量，以反映互联网金融的保障效应水平。

$$Con_t = a + \beta_1 inc_t + \beta_2 ins_t + \beta_3 mf_t + \mu_t$$

其中，Con_t 表示 t 时期居民消费支出水平，inc_t 表示 t 时期居民人均可支配收入，ins_t 表示 t 时期互联网保险指数，mf_t 表示 t 时期互联网货币基金指数，β_1 表示消费支出对 inc_t 的影响系数，β_2 表示消费支出对 ins_t 的影响系数，β_3 表示消费支出对 mf_t 的影响系数，a 表示截距，μ_t 表示残差项。

先进行对数计算，然后将不同种类的消费支出代入上述模型中计算得出：

模型 5.4，生存型消费支出模型：

$$\ln liv = a_1 + \beta_1 \ln inc_t + \beta_2 ins_t + \beta_3 mf_t + \mu_{t1} \qquad (5-6)$$

模型 5.5，发展型消费支出模型：

$$\ln dev = a_2 + \gamma_1 \ln inc_t + \gamma_2 ins_t + \gamma_3 mf_t + \mu_{t2} \qquad (5-7)$$

模型 5.6，享受型消费支出模型：

$$\ln enj = a_3 + \delta_1 \ln inc_t + \delta_2 ins_t + \delta_3 mf_t + \mu_{t3} \qquad (5-8)$$

5.5.2 描述性统计分析

变量描述性统计具体结果见表 5-12。

表5-12 变量描述性统计

变量	最大值	最小值	均值	标准差
生存型消费支出（亿元）liv	5 542.42	1 782.42	3 286.02	1 262.80
发展型消费支出（亿元）dev	1 712.67	486.82	1 022.02	328.82
享受型消费支出（亿元）enj	1 658.78	452.16	922.62	332.72
人均可支配收入（元）inc	52 862.00	6 520.00	21 562.62	11 933.12
互联网保险指数 ins	2 435.68	384.18	1 068.42	488.58
互联网货币基金指数 mf	1 401.46	269.58	718.02	316.82

数据来源：根据相关资料整理。

5.5.3 模型估计

（1）变量平稳性检验

本书使用 LLC、ADF、PP 三种方法对不同变量的平稳性进行检验，经验证后得知在平稳性方面，变量的原序列并不符合要求，但通过一阶差分处理以后，在显著水平为 5% 的情况下，已趋于平稳，意味着 lnliv、lndev、lnenj、lninc、lnins、lnmf 均为平稳序列，并且都是一阶单整，消费支出的三个变量分别与人均可支配收入、互联网保险指数、互联网货币基金指数存在一定关系，并且这种关系长期处于稳定状态，表 5-13 为变量的平稳性检验结果。

表5-13   变量平稳性检验结果

变量	差分阶数	检验方法 (c，t，k)	LLC	ADF	PP	检验结果
lnliv	1	(0，0，1)	−3.85042	44.5242	51.7042	平稳
			(0.0001)	(0.0002)	(0.0000)	
lndev	1	(0，0，1)	−3.03922	35.8393	36.1064	平稳
			(0.0012)	(0.0036)	(0.002 8)	
lnenj	1	(1，0，1)	−1.98162	17.4412	28.3132	平稳
			(0.02362)	(0.3576)	(0.0293)	
lninc	1	(1，0，0)	−3.72496	28.3872	28.9513	平稳
			(0.0001)	(0.0283)	(0.0246)	
lnmf	1	(1，0，1)	−3.44482	40.18175	43.9053	平稳
			0.00065	0.0019	0.0014	

注：检验类型（c，t，k）中，c 表示截距项（1=有截距，0=无截距），t 表示趋势项（1=有趋势，0=无趋势），k 是滞后期数，由 AIC 准则予以明确。

对表 5-13 中的数据进行分析，在显著性水平为 1% 的情况下，lnins、lnmf 均通过 LLC、ADF、PP 检验，变量序列具备平稳性。

（2）协整检验

对前文中提到的检验结果进行分析，不难发现，居民消费支出的三个变量分别与三个自变量存在一定关系，并且这种关系处于长期稳定的状态，运用 E-views 8.0软件，使用合理的检验方法对以上关系进行协整检验。检验结果见表5-14、表5-15、表5-16。

表5-14 Inliv与Ininc、Inins、Inmf的协整检验

检验方法	检验假设	统计量名	统计量值	P 值
Kao检验	H5.0：ρ=1	ADF	−7.044886*	0.0000
Pedroni检验	H5.1：（ρi=ρ）<1	Panel v-Statistic	−1.422886	0.9212
		Panel rho-Statistic	−0.287452	0.3888
		Panel PP-Statistic	−3.047606*	0.0012
		PanelADF-Statistic	−3.138646*	0.0008
	H5.1：（ρi≠ρ）<1	Group-rho-Statistic	0.822696	0.7882
		Group PP-Statistic	−2.929866*	0.0018
		Group ADF-Statistic	−4.726926*	0.0000

注：*表示至少在10%的显著性水平下拒绝原假设，接受备择假设，滞后阶数由SIC准则确定。

对表5-14的数据进行分析不难发现，在显著性水平为10%的情况下，liv和inc、ins和mf均通过Kao检测检验，并且经Pedroni检验得知，在显著水平为10%的情况下，通过协整检验的统计量有4个，由此可见，以上变量确实存在协整关系。

表5-15 Indev与Ininc、Inins、Inmf的协整检验

检验方法	检验假设	统计量名	统计量值	P 值
Kao检验	H5.0：ρ=1	ADF	−6.191 566*	0.0000
Pedroni检验	H5.1：（ρi=ρ）<1	Panel v-Statistic	−0.712652	0.7416
		Panel rho-Statistic	−0.304662	0.3802
		Panel PP-Statistic	−2.918802*	0.0016
		PanelADF-Statistic	−3.462362*	0.0004
	H5.1：（ρi≠ρ）<1	Group-rho-Statistic	1.14206	0.8672
		Group PP-Statistic	−2.525236*	0.0056
		Group ADF-Statistic	−4.824686*	0.0000

注：*表示至少在10%的显著性水平下拒绝原假设，接受备择假设，滞后阶数由SIC准则确定。

对表5-15数据进行分析，不难发现，dev与inc、ins和mf在显著性水平为10%的情况下均通过Kao检验，并且经Pedroni检验得知，在显著水平为10%的情况下，通过协整检验的统计量有4个，因此以上变量存在协整关系。

表5-16　　　　　lnenj 与lninc、lnins、lnmf 的协整检验

检验方法	检验假设	统计量名	统计量值	P 值
Kao检验	H5.0：ρ=1	ADF	−6.288248*	0.0000
Pedroni检验	H5.1：（ρi=ρ）<1	Panel v-Statistic	−0.641626	0.7398
		Panel rho-Statistic	−0.086856	0.4658
		Panel PP-Statistic	−2.632422*	0.00420
		PanelADF-Statistic	−3.526586*	0.00022
	H5.1：（ρi≠ρ）<1	Group-rho-Statistic	0.942568	0.82810
		Group PP-Statistic	−3.152026*	0.00012
		Group ADF-Statistic	−5.326628*	0.0000

注：*表示至少在10%的显著性水平下拒绝原假设，接受备择假设，滞后阶数由SIC准则确定。

对表5-16的数据进行分析，lnenj 与lninc、lnins、lnmf在显著性水平为10%的情况下均通过 Kao检验。Pedroni检验结果表明，在显著水平为10%的情况下，通过协整检验的统计量有4个。总的来看，居民的三种消费支出模式，即生存型、发展型、享受型都和人们的平均收入相关，ins 和mf存在协整关系，并且这种关系具备长期稳定性。

（3）Hausman检验

通过 E-views 8.0软件进行操作，得出 Hausman检验结果，见表5-17。

表5-17　　　　　　　Hausman 检验结果

模型类型	S_1	S_2	S_3
生存型	0.1862360	0.230292	2.323316
发展型	0.176020	0.198508	1.692668
享受型	0.276940	0.336744	1.731340

对表 5-17中数据进行分析，不难发现，经过 Hausman检验，三个

模型的 P 值均为零，因此表明 H5.2 并不成立，H5.3 成立，这就意味着个体对解释变量较为敏感，应选择固定效应模型。

（4）模型形式的确定

根据 F 统计量的公式，经计算得出三个模型的 F_1、F_2 值见表 5-18。

表 5-18   **模型形式确定结果**

模型类型	F_1	F_2	临界值 F_1	临界值 F_2	结论
生存型	0.42	15.22	2.54	2.28	变截距模型
发展型	0.24	12.12	2.54	2.28	变截距模型
享受型	0.49	7.12	2.54	2.28	变截距模型

根据表 5-18 中相关结果，通过对上述模型的 F_1、F_2 进行计算，通过与临界值进行对比，上述模型的 F_2 值均在临界值以上，表明假设 H5.5 不成立，F_1 值均在临界值以下，表明假设 H5.4 成立，因此上述模型均为变截距模型。

（5）模型估计结果

经回归分析后得出以下结论：随机扰动项存在序列相关，极易降低参数估计量的有效性，导致变量的检验结果变得无效。因此，本书对原模型进行转变和估计，对随机干扰项的近似数值进行估算，见表 5-19、表 5-20 和表 5-21。

表5-19   **生存型模型估计结果**

省份	收入（lninc）	互联网保险（lnins）	互联网货币基金指数（lnmf）	截距
	0.0216	−0.0122	0.2937***	5.992620
广东				0.043040
北京				0.342442
浙江				0.034856
上海				0.436066
江苏				−0.102682
山东				−0.314292
安徽				−0.282362

续表

省份	收入 （lninc）	互联网保险 （lnins）	互联网货币基 金指数（lnmf）	截距
河北				−0.232362
Adjusted R^2	0.94			
Durbin−Watson stat.	1.92			
F−statistic	562.28			
Prob.（F−statistic）	0.0000			

注：***、**、*分别表示在1%、5%和10%的显著性水平下显著。

由表5-19可知，用广义差分法计算出DW值等于1.92。用n=72，k=3，α=0.05查阅临界值表得出 du=1.49，dl=1.43，并且du<DW<4-du，说明模型现在并不具有自相关关系。重新计算后的可决系数为0.94，模型拟合度良好，F值等于562.28，P值等于0，得出其对该模型的影响较大。

表5-20 发展型模型估计结果

省份	收入 （lninc）	互联网保险 （lnins）	互联网货币基 金指数（lnmf）	截距
	0.0112	−0.0336	0.4642***	
广东				4.11412
北京				0.071612
浙江				0.268252
上海				0.098372
江苏				0.126082
山东				0.046266
安徽				−0.119246
河北				−0.365648
Adjusted R^2	0.98			
Durbin−Watson stat.	1.98			
F−statistic	692.72			
Prob.（F−statistic）	0.0000			

注：***、**、*分别表示在1%、5%和10%的显著性水平下显著。

由表5-20可知，模型具有序列相关性，为排除自相关因素的干扰使用广义差分法，新的DW值为1.98。查n=72，k=3，α=0.01时的临界值表，du=1.49，dl=1.43，目前du<DW<4-du，表明模型不存在自相关。经调整后，可决系数为0.98，表明在拟合度方面，模型是符合要求的，F值为692.72，P值为0，模型总体估计结果显著。

表5-21　　　　　　　　　　享受型模型估计结果

省份	收入（lninc）	互联网保险（lnins）	互联网货币基金指数（lnmf）	截距
	0.02212	−0.0222	0.4572***	3.7238***
广东				−0.118646
北京				0.269212
浙江				−0.084182
上海				0.319618
江苏				0.036186
山东				−0.136886
安徽				−0.080652
河北				−0.226680
Adjusted R^2	0.9848			
Durbin−Watson stat.	2.01			
F−statistic	359.28			
Prob.（F−statistic）	0.0000			

注：***、**、*分别表示在1%、5%和10%的显著性水平下显著。

由表5-21可知，用广义差分法计算出DW值等于2.01。查n=72，k=3，α=0.01时的临界值表显示，临界值du=1.49，dl=1.43，并且du<DW<4-du，说明模型现在并不具有自相关关系。调整计算后的可决系数为0.98，模型的拟合度较好，F值等于359.28，P值等于0，模型估计结果显著。

5.5.4 回归结果分析

根据前文的统计结果可知，互联网货币基金能够促进居民的消费支出，互联网保险对用户各种形式的消费支出具有抑制作用，但并不显著。

互联网货币基金能够促进居民的消费支出，根据三种模型不同的结果来看，mf 每发生 1 个单位的变化，将促进 liv 提升 0.2937 个单位；对 dev 的促进作用指数为 0.4642；对 enj 的推动指数为 0.4572。从中不难看出，mf 对 liv、enj、dev 三者的推动作用不断增加。mf 对居民消费增进具有保障效应。

互联网保险指数的提升对居民的消费支出的影响并不显著。在某种意义上，人们的 ins 支出不断增加时，居民消费水平会随之下降，但并不会产生显著的抑制作用。这是由于相较于其他支出，人们在保险方面的支出额度较低，但导致居民之前的消费支出被挤占，这也将其对居民消费的抑制作用反映了出来。这种抑制作用之所以不显著，是由于互联网保险的发展时间较为短暂。

总结来说，互联网货币基金确实能够为居民个人的消费提供一定的保障，居民个人能够根据其在薪资水平和其他水平上得到保障，并持续获益，减少居民保护性存款。

5.6 互联网金融对消费增进的增值效应

互联网金融对消费增进具有增值作用，这种作用是通过互联网金融的投资行为来传导的，互联网金融投资包含通过互联网渠道或电子商务平台购买的股票等理财产品。相较于传统的理财方式，互联网投资为用户提供了更加多样化的理财产品，能够进一步改善产品信息，提供了方便、快捷的产品购买渠道。投资者可以通过互联网金融平台进行网络支付；从中获得利润，进而刺激居民消费。

5.6.1　模型构建

研究互联网金融的增值效应也是在基础模型的基础上增加互联网投资这一变量。

$$con_t = \alpha + \beta_1 lnc_t + \beta_2 inv_t + \mu_{t1}$$

其中，con_t表示t时期居民消费支出水平，lnc_t表示t时期居民人均可支配收入，Inv_t表示t时期互联网投资指数，β_1表示消费支出对lnc_t的影响系数，β_2表示消费支出对Inv_t的影响系数，α表示截距，μ_t表示随机干扰项。对各变量值取对数，将3种消费支出带入实体模型中，可以获得下列实体模型：

模型5.7，生存型消费支出模型：

$$lnliv = a_1 + \beta_1 lnc_t + \beta_2 inv_t + \mu_{t1} \tag{5-9}$$

模型5.8，发展型消费支出模型：

$$lndev = a_2 + \gamma_1 lnc_t + \gamma_2 inv_t + \mu_{t1} \tag{5-10}$$

模型5.9，享受型消费支出模型：

$$lnenj = a_3 + \delta_1 lnc_t + \delta_2 inv_t + \mu_{t1} \tag{5-11}$$

5.6.2　描述性统计分析

变量描述性统计的具体结果见表5-22。

表5-22　　　　　　　　　　变量描述性统计

变量	最大值	最小值	均值	标准差
生存型消费支出（亿元）liv	5 742.40	1 880.46	3 286.24	1 262.80
发展型消费支出（亿元）dev	1 723.60	486.68	1 022.10	322.79
享受型消费支出（亿元）enj	1 658.72	452.12	918.62	322.72
人均可支配收入（元）inc	52 962.00	6 521.10	21 972.62	12 922.12
互联网投资指数 inv	1 093.59	186.33	409.26	237.59

数据来源：根据相关资料整理。

5.6.3 模型估计

（1）变量平稳性检验

在对不同变量进行检验时常使用以下三种方法：LLC、ADF、PP。通过检验发现所有变量的原序列都呈现出不稳定性，在经历过一阶分差之后，所有变量的原序列在5%的显著水平下都呈现出平稳状态，即lnliv、lndev、lnenj、lninc、lninv序列都呈现出平稳状态，并且这些变量都是一阶单整，三种消费支出变量与lninc、lninv存在关系，并且这种关系具备长期稳定性，表5-23为互联网投资变量的检验结果。

表5-23　　　　　　　　　变量平稳性检验结果

变量	差分阶数	检验方法（c，t，k）	LLC	ADF	PP	检验结果
lnliv	1	(0, 0, 1)	−3.9274	45.4146	52.7382	平稳
			(0.0001)	(0.0002)	(0.0000)	
lndev	1	(0, 0, 1)	−3.1000	36.5561	36.8285	平稳
			(0.0022)	(0.0026)	(0.0021)	
lnenj	1	(1, 0, 1)	−2.0213	17.7900	28.8795	平稳
			(0.0021)	(0.0013)	(0.0053)	
lninc	1	(1, 0, 0)	−3.7995	28.9549	29.5303	平稳
			(0.0001)	(0.0033)	(0.0046)	
lninv	1	(1, 0, 1)	−14.9545	54.3894	26.8070	平稳
			0.0035	0.0031	0.0022	

注：检验类型（c，t，k）中，c表示截距项（1=有截距，0=无截距），t表示趋势项（1=有趋势，0=无趋势），k是滞后期数，由AIC准则予以明确。

对表5-23数据进行分析，不难发现，在显著性水平为1%的情况下对变量进行LLC、ADF、PP检验，检验结果表明所有变量的序列均具备平稳性。

（2）协整检验

对前文的平稳性检验结果进行分析，不难发现，各类居民消费支出分别与人均可支配收入、互联网投资存在一定关系，这种状态处于长期稳定的状态，因此需要使用E-views8.0软件进行协整检验，所得检验结果见表5-24、表5-25和表5-26。

表5-24 变量lnliv与自变量lninc、lnlnv的协整检验

检验方法	检验假设	统计量名	统计量值	P 值
Kao检验	H5.0：ρ=1	ADF	-7.372331*	0.0000
Pedroni 检验	H5.1：（ρi=ρ）<1	Panel v-Statistic	-1.426222	0.9232
		Panel rho-Statistic	-0.027616	0.4882
		Panel PP-Statistic	-2.618225*	0.0042
		Panel ADF-Statistic	-2.699162*	0.0042
	H5.1：（ρi≠ρ）<1	Group-rho-Statistic	1.016216	0.8452
		Group PP-Statistic	-3.144222	0.0008
		Group ADF-Statistic	-4.726422	0.0000

注：*表示至少在10%的显著性水平下拒绝原假设，接受备择假设，滞后阶数由SIC准则确定。

由表 5-24 可知，在显著水平为 10% 的情况下，inv 与四项指数均通过 Kao 检验，在 Pedroni 检验中，在显著水平为 10% 的情况下通过检验的统计量有 4 个，因此，上述变量的确存在协整关系。

表5-25 因变量lndev与自变量lninc、lnlnv的协整检验

检验方法	检验假设	统计量名	统计量值	P 值
Kao检验	H5.0：ρ=1	ADF	-6.6022252*	0.0000
Pedroni 检验	H5.1：（ρi=ρ）<1	Panel v-Statistic	-0.761422	0.7626
		Panel rho-Statistic	-0.300782	0.3818
		Panel PP-Statistic	-2.889056*	0.0016
		Panel ADF-Statistic	-3.348186*	0.0006
	H5.1：（ρi≠ρ）<1	Group-rho-Statistic	1.032116	0.8292
		Group PP-Statistic	-3.442 852*	0.0002
		Group ADF-Statistic	-6.246942*	0.0000

注：*表示至少在10%的显著性水平下拒绝原假设，接受备择假设，滞后阶数由SIC准则确定。

对表 5-25 中的结果进行分析，不难发现，在 10% 的显著水平下，

inv 与四项指数均通过 Kao 检验，而通过 Pedroni 检验得知，在 10% 的显著水平下，有 4 个变量通过检验，这也意味着以上变量确实存在协整关系。

表5-26　　　　　因变量lnenj 与自变量lninc、lnlnv的协整检验

检验方法	检验假设	统计量名	统计量值	P 值
Kao 检验	H5.0：ρ=1	ADF	−6.700945*	0.0000
Pedroni 检验	H5.1：（ρ$_i$=ρ）<1	Panel v-Statistic	−0.628947	0.7353
		Panel rho-Statistic	0.111804	0.5445
		Panel PP-Statistic	−2.308052	0.0102
		Panel ADF-Statistic	−3.041262	0.0022
	H5.1：（ρi≠ρ）<1	Group-rho-Statistic	1.1622116	0.8664
		Group PP-Statistic	−2.841626	0.0020
		Group ADF-Statistic	−5.442002	0.0000

注：*表示至少在10%的显著性水平下拒绝原假设，接受备择假设，滞后阶数由SIC准则确定。

对表 5-26 中的结果进行分析不难发现，在显著水平为 10% 的情况下，inv 与四项指数均通过 Kao 检验，在显著水平为 10% 的情况下，通过协整检验的统计量有 4 个。综合以上，三种消费支出均与 lnc、lnv 存在一定关系，并且这种关系处于长期稳定的状态。

（3）Hausman检验

Hausman 检验结果是通过操作 E-views8.0 软件而得到的，见表5-27。

表5-27　　　　　　　　Hausman 检验结果

模型	检验总结	卡方统计量	卡方自由度	P值
生存型	Cross-section random	50.06	2	0.0000
发展型		24.26	2	0.0000
享受型		30.57	2	0.0000

对表 5-27 的数据进行分析不难发现，对上述模型进行 Hausman 检验后，得到的 P 值结果都是零，因此表明假设 H5.2 并不成立，备择假设 H5.3 成立，这就意味着个体对解释变量较为敏感，应选择固定效应模型。

（4）模型形式的确定

有关判定的相关规则与前文提到的相同，能够通过回归得到表5-28。

表5-28　　　　　　　　　三个固定效应模型的残差平方和

模型类型	S_1	S_2	S_3
生存型	0.183152	0.219186	1.692391
发展型	0.135122	0.166288	1.203630
享受型	0.257852	0.305061	1.283148

依照 F 统计量的公式算出三个模型的 F_1、F_2 值，见表5-29。

表5-29　　　　　　　　　模型形式确定结果

模型类型	F_1	F_2	临界值 F_1	临界值 F_2	结论
生存型	0.37	11.46	2.54	2.28	变截距模型
发展型	0.46	10.86	2.54	2.28	变截距模型
享受型	0.36	5.42	2.54	2.28	变截距模型

对表 5-29 中数据进行分析，以上模型的 F_2 值均在临界值以上，表明不应接受假设 H5.5，F_1 值均在临界值以下，表明假设 H5.4 成立，上述模型都是变截距模型。

（5）模型估计结果

生存型模型、发展型模型、享受型模型估计结果分别见表 5-30、表 5-31、表 5-32。

表5-30　　　　　　　　　生存型模型估计结果

省份	收入（lninc）	互联网投资（lninv）	截距
	0.0658	0.1332***	6.4618***
广东			0.047442
北京			0.3942694
浙江			0.072832
上海			0.488495
江苏			-0.102618
山东			-0.364626
安徽			-0.306254
河北			-0.306976
Adjusted R^2	0.98		
Durbin-Watson stat.	1.72		
F-statistic	528.16		
Prob.（F-statistic）	0.0000		

注：***、**、*分别表示在1%、5%、10%的显著性水平下显著。

由表5-30可知,通过回归分析发现随机扰动项存在序列相关,极
易降低参数估计量的有效性,导致检验结果无效,因此,本书对原模型
进行转变和估计,对随机干扰项的近似数值进行估算,得出 DW 为
1.72,参照 n=72,k=2,α=0.05时的临界值表,得出 du=1.49,dl=1.43,
在这种情况下 du<DW<4-du,意味着该模型不存在自相关。对可决系数
进行调整以后,其数值为0.98,意味着在拟合度方面,模型是符合要求
的,F值为528.16,P值为0,估计结果是显著的。

表5-31 发展型模型估计结果

省份	收入(lninc)	互联网投资(lninv)	截距
	0.055	0.123**	5.542***
广东			0.350144
北京			0.144642
浙江			0.194382
上海			0.044122
江苏			−0.196902
山东			−0.398626
安徽			−0.321642
河北			0.350146
Adjusted R^2	0.98		
Durbin-Watson stat.	1.96		
F-statistic	922.22		
Prob.(F-statistic)	0.0000		

注:***、**、*分别表示在1%、5%和10%的显著性水平下显著。

由表5-31可知模型仍存在序列相关,在排除自相关的干扰时,可
以使用广义差分法,得出新的 DW 值为1.96,查 n=72,k=2,α=0.01时
的临界值表,得出 du=1.49,dl=1.43,此时 du<DW<4-du,意味着已排
除自相关的干扰。经调整,模型的可决系数为0.98,模型符合要求,F
值为922.22,P值为0,表明模型具备整体显著性。

表5-32 享受型模型估计结果

省份	收入（lninc）	互联网投资（lninv）	截距
	0.0766	0.1901***	4.7028
广东			−0.112326
北京			0.341292
浙江			−0.033212
上海			0.386892
江苏			0.033652
山东			−0.202725
安徽			−0.113324
河北			−0.332076
Adjusted R^2	0.98		
Durbin−Watson stat.	1.66		
F−statistic	320.24		
Prob.（F−statistic）	0.0000		

注：***、**、*分别表示在1%、5%和10%的显著性水平下显著。

由表5-32可知，使用广义差分法求得DW值为1.66，参照n=72，k=3，α=0.01时的临界值表，得出du=1.49，dl=1.43，在这种情况下du<DW<4-du，意味着该模型不存在自相关。对可决系数进行调整以后，其数值为0.98，意味着在拟合度方面，模型是符合要求的，F值为320.24，P值为0，估计结果是显著的。

5.6.4 回归结果分析

结果表明互联网投资对居民的消费行为起到了良好的推动作用，对生存型、发展型、享受型消费支出的促进作用指数分别为0.1332、0.123、0.1901，这就意味着网络投资指数值每发生1个单位的增长变化，将促进三种消费指数分别发生大约0.13个单位、0.12个单位、0.19

个单位的增长变化。通过这些数据可以看出网络投资对不同类型的消费有不同的促进作用，其中得到最大促进作用的消费类型是享受型消费，得到最小促进作用的消费类型是生存型消费。对生存型消费促进作用较小的主要原因是如今人们大多不会为了生存而发愁，支出的促进作用在享受型和发展型两个方面表现突出。整体看来，网络投资确实对居民消费起到了升值作用，网络投资能使居民获得更高的收益，从而提升居民的经济实力，对居民消费行为的产生起到良好的促进作用。

5.7　本章小结

本章优先使用 lnpay、lnP2P 作为互联网金融代理变量，来检验它对消费支付、预算的平滑作用，进而检验互联网金融对居民消费行为具有平滑作用。之后，使用 lnins、lnmf 作为互联网金融的保障变量，对该变量对消费行为的保障作用进行检验。最后使用 lninv 作为增值变量，检验互联网金融会对消费行为起到增进的作用。

6 互联网金融对消费结构影响的实证分析

党的二十大报告强调："加快发展数字经济，促进数字经济和实体经济深度融合，打造具有国际竞争力的数字产业集群。"互联网技术与实体经济紧密结合，促进了各服务平台的消费，也促进了相关行业共享资源，产生经济发展新动力，激发消费在经济发展中的作用。如今各式各样的互联网金融服务得到不断发展，这些互联网金融服务促进了城乡居民消费结构的转型，也是提升城乡居民消费水平的主要推手。

6.1 研究假设的提出

通过研究第三方支付与服装和食品消费的关系，吕建黎（2018）指出居民消费结构会因第三方支付而受到正向影响，并且这种影响较为显著。陈莹、李淑锦（2017）通过研究指出，第三方支付具有便捷、快速流动等优势，可以释放消费者的消费潜力，吸引消费者进行高频消费。宛苑（2016）指出网络支付可以结合消费场景，将消费潜力释放出来，为消费增进起到良好的推动作用，会给居民消费带来多样化影响，同时可以产生促进、挤出效应。崔海燕（2017）指出用户消费可以被第三方支付推动提高，拉动内需，并对我国2014—2015年的GDP、用户消费和互联网金融实体模型中第三方支付的样例数据信息采取动态性时间序列模型进行分析。基于上述研究结论，本书提出如下假设：

假设6.1：互联网支付指数与居民消费结构显著正相关。

通过对P2P网络贷款对居民收入的影响作用进行详述，万俊斌（2018）采用实证分析方法研究了个体的固定效应，指出P2P网络贷款交易数量增多会对居民收入带来正向影响，P2P网络贷款可以刺激居民进行消费。

通过研究，易行健（2018）指出网贷的发展对农民、收入水平较低者、中等收入家庭等的消费行为起到了一定的刺激作用。

李燕桥（2012）等通过实证分析，指出网贷对于居民的耐用品消费具有一定的刺激作用，能够减少当时的流动性风险。郭建辉（2018）采用实证分析方法研究了网贷对消费需求的影响，指出网贷提升了当前的流动性，减小了后期的流动性，并对居民消费水平的提升起到了正向的刺激作用。于文超（2016）等指出，在信用贷款需求方面，互联网金融与传统金融具有互补的作用，能改善消费结构，促进消费升级。基于上述研究结论，本书提出如下假设：

假设6.2：互联网网贷指数与居民消费结构显著正相关。

保险作为传统金融的三大板块之一，也是金融互联网化的重要领域。近年来，互联网保险市场不断增长。2020年，在网络保险业务中，第三方（含第三方互联网平台、中介机构在内）累计获取593.23亿元保费收入，占比74.34%。Leland（1968）在消费理论中引入不确定性风险，提出预防性储蓄理论。各国学者基于该理论，证实保险与消费具有良好的相关性。在网络保险不断发展的形势下，学者通过研究指出，网络保险具有减小风险集中度、促进技术创新、优化产业结构的作用，居民可通过网络保险来提升收入水平、优化消费结构，进而刺激当期消费。王曼卿（2019）认为，互联网保险可以稳定未来的消费，降低不确定性风险造成的损失，进而促进居民优化自身的消费结构。基于上述研究结论，本书提出如下假设：

假设6.3：互联网保险指数与居民消费结构显著正相关。

姚文平、赵启星（2014）等一同认可，在货币型基金和互联技术的大力协作下，互联网货币型基金应时而生。这也是传统式货币型基金对第三方支付平台的依靠，为大家打开了付款型余额投资理财的大门，对推动消费具备一定的实际意义。基于上述研究结论，本书提出如下假设：

假设6.4：互联网货币基金指数与居民消费结构显著正相关。

吕可可、张炜熙、刘璐（2018）指出P2P等各类互联网金融产品凭借着较高的利息吸引用户通过互联网金融平台来管理财富，从而减少即期消费，但会在未来获得更高的投资回报，从而为消费者后期消费水平的提升起到一定的推动作用。凌炼（2016）通过研究指出，居民消费会因互联网金融的支付、借贷等多样化的功能而受到一定影响，具体影响体现在以下方面：可以起到平滑消费的作用；可以起到保障消费的作用；可以起到促进消费升级的作用。也就是说，互联网金融能起到平滑消费支付与预算的作用；鉴于储蓄保险具备管理风险的作用，可以在居民消费阶段，起到自我以及财务保护的作用；投资兼具财富、收入效应，可以帮助居民改善消费结构。在以上研究结果的基础上，本书做出如下假设：

假设6.5：互联网投资指数与居民消费结构显著正相关。

6.2 模型构建与变量选择

6.2.1 模型构建

VAR模型可以对变量之间的动态互动关系进行检验，也被命名为向量自回归模型。目前，该模型已被普遍应用于多个领域。该模型应用了以下原理：将系统中所有内生变量作为函数建立模型。该模型可以使用以下公式进行表达：

$$Y_t = A_1 Y_{t-1} + A_2 Y_{t-2} + \cdots + A_P Y_{t-p} + \varepsilon_t \tag{6-1}$$

在以上公式中，Y表示K维内生变量矢量，系数矩阵、内生变量滞后的阶数、滞后期、常数项分别使用 A、P、t、ε 表示。本书采用实证分析方法研究互联网金融与居民消费结构的关系，通过研究判断二者是否存在均衡关系。假如存在，这种关系是否为长期稳定关系，并对互联网金融的多个变量对居民消费结构的影响进行探究。

该模型包含以下步骤：首先，进行协整分析，判断变量是否存在长期均衡的协整关系，基于该关系建立修正项。其次，将修正项作为解释变量，与其他能够反映短期波动的解释变量一同构建短期模型。

6.2.2 变量选择

（1）自变量

北京大学互联网金融研究中心协同其他机构，结合互联网金融业务的 6 个板块编制了"北京大学互联网金融发展指数"，从而对我国互联网金融的发展现状形成精准、及时认知。北京大学互联网金融发展指数主要包含 5 个指数。这些指数可以将互联网金融与消费结构的关系如实地反映出来。本书使用以上指数作为互联网金融发展的自变量，将"人均第三产业消费占人均消费总额比重"作为控制变量。

①互联网支付指数（简称 pay）。线上支付具备高效、方便、快捷、可靠等多种优势，能够帮助居民更加高效地进行金融交易。当前，学者通过研究证实该变量的便捷性能刺激居民消费。因此，本书将该变量作为自变量来考察消费结构的变化情况。

②互联网网贷指数（简称 P2P）。我国、其他国家的学者通过研究证实，贷款能够降低消费者流动性限制，对消费预算起到一定的平滑作用，促进居民进行当期、分期消费。因此，本书将该变量作为自变量，对消费结构的变化情况进行考察。

③互联网保险指数（简称 ins）。网络保险可以降低风险的集中程度并提供财务保障，在国民经济发展阶段，发挥着促进经济增长、维护社会稳定的作用。近期以来，我国的网络保险保费在不断增长。社会保险的保障范围存在一定盲区，这种保障盲区可通过使个体收入预期保持稳定、保障家庭正常经济生活的网络保险得到有效的补充。网络保险可通过提升居民收入、优化其消费结构来刺激居民进行网络消费。因此，本

书将该指数作为自变量，对居民消费结构进行考察。

④互联网货币基金指数（简称mf）。相较于传统储蓄，通过互联网金融平台提供的货币基金产品进行理财，能帮助消费者获得更多的财富，进而刺激居民消费，由此将互联网金融对居民消费结构的升级作用反映了出来，也可以将互联网金融对居民消费结构升级所产生的价值增长效应充分反映出来。因此，本书将该指数作为自变量，对居民消费结构进行考察。

⑤互联网投资指数（简称ive）。互联网投资使得人们的理财投资决策不再因地域而受到限制，可以帮助居民通过使用闲置资金理财获得更高的投资回报。大量研究结果表明，该指数可以刺激居民消费，改善消费结构，这种刺激作用是通过增值效应来传导的。因此，本书将该指数作为自变量，对居民消费结构进行考察。

（2）因变量

在对一国经济发展水平、消费升级情况进行考察时，往往需要使用恩格尔系数这个重要指标。在公众生活质量不断提高的形势下，消费结构也会发生相应变化，因此在变量选择阶段，本书将"人均第三产业消费占人均消费总额比重"作为因变量。本书选择该指标作为因变量具有以下优点：首先，这个指标与文娱、居住等方面有关，覆盖了多个方面的内容，在某种意义上，能将国民消费升级变化走向反映出来；其次，国民消费结构中第三产业的占比不断增加，并且互联网金融业属于当代服务业，选择并使用这个指标更能将居民消费水平的变化反映出来。

6.2.3 数据来源说明

北京大学互联网金融发展指数主要包含5个指数，这些指数可以将互联网金融与消费结构的关系如实地反映出来。本书使用以上指数作为互联网金融发展的自变量，将"人均第三产业消费占人均消费总额比重"作为因变量。因样本范围有限，导致不同的自变量之间的多重共线性存在较大的消除难度，因此为了对变量之间的关系进行逐一研究，分别建立了5组模型。

自变量中 5 个指数的数据源自北京大学互联网金融研究中心网站；本书通过网贷之家的交易数据基于基期转换来获取有关 P2P 的数据；通过"中国统计年鉴"来获取关于教育文娱服务等方面的数据，并按照增长趋势使用年度数据进行估算得出。考虑我国首个互联网金融发展指数是在 2014 年 1 月发布的，因此将发布日期作为基期（基期=100），选择 2014 年 3 月—2020 年 3 月的样本数据进行研究。

6.3 实证分析

6.3.1 数据预处理

本书使用数据自然对数的处理方法，从而提升计算的便捷性和计算结果的精准度，为数据的相对关系提供有力保障，消除不同变量的共线性，降低数据的不稳定性，提升本书研究结论的可信度。

互联网支付指数、互联网网贷指数、互联网保险指数、互联网货币基金指数、互联网投资指数 5 个自变量的对数分别记作 lnpay、lnP2P、lnins、lnmf、lnive。因变量的对数记作 lnY。通过对数据进行预处理以后，得出表 6-1 的数据。

表6-1　　　　　　　　　　　对数处理后的原始数据

互联网支付指数的对数（lnpay）	互联网网贷指数的对数（lnP2P）	互联网保险指数的对数（lnins）	互联网货币基金指数的对数（lnmf）	互联网投资指数的对数（lnive）	人均第三产业消费占人均消费总额比重（lnY）
5.60517	5.60517	5.60517	5.60517	5.60517	−0.5927
5.610057	5.595252	5.121258	5.702657	5.552955	−0.5921
5.759175	5.780627	5.227109	5.777617	5.650922	−0.5910
5.751077	5.75061	5.276225	5.790272	5.675559	−0.5922
5.779555	5.929601	5.25912	5.772562	5.715721	−0.5915
5.705175	5.971859	5.212712	5.770206	5.706067	−0.5910

互联网支付指数的对数（lnpay）	互联网网贷指数的对数（lnP2P）	互联网保险指数的对数（lnins）	互联网货币基金指数的对数（lnmf）	互联网投资指数的对数（lnive）	人均第三产业消费占人均消费总额比重（lnY）
5.725027	5.215752	5.290729	5.77575	5.911992	−0.5915
5.756211	5.259222	5.221526	5.775725	5.95265	−0.5799
5.775677	5.506805	5.252706	5.729522	5.097251	−0.5795
5.927529	5.52952	5.272712	5.756775	5.159991	−0.5779
5.01968	5.575171	5.707726	5.975276	5.22777	−0.5772
5.022157	5.752772	5.575777	5.016816	5.529252	−0.5787
5.997155	5.717221	5.292071	5.027925	5.569565	−0.5769
5.922527	5.651759	5.161122	5.129011	5.591075	−0.5761
5.020256	6.026799	5.577979	5.162927	5.720967	−0.5752
5.071971	6.15977	5.55567	5.162256	5.792027	−0.5755
5.107299	6.250027	5.512892	5.199105	5.752717	−0.5227
5.127095	6.227785	5.572927	5.198226	5.902907	−0.5729
5.126829	6.552695	5.575726	5.195752	5.917222	−0.5721
5.165552	6.719259	5.675566	5.200052	5.959172	−0.5712
5.210077	6.776277	5.752676	5.225262	5.90257	−0.5705
5.261295	6.925359	5.77601	5.229182	5.770007	−0.5797
5.250515	7.021067	6.25715	5.220591	5.769721	−0.5777
5.250797	7.025755	6.090265	5.252912	5.955759	−0.5770
5.257179	7.010257	6.115267	5.260917	5.975725	−0.5767
5.272626	6.768255	6.125575	5.295272	5.977682	−0.5856
5.272859	7.0565	6.170227	5.527907	5.995857	−0.5752

6.3.2 变量的平稳性检验

基于模型的建立过程，应优先为序列的平稳性提供保障，反之则无法进行后续研究。在序列的平稳性不符合要求的情况下，对该序列进行研究是毫无意义的。因此本书使用ADF单位根检验法，分别从水平值、一阶差分序列的层面对6个变量序列进行了检验。本书通过使用EViews软件来获取滞后阶数，并借助于截距项、趋势项的T检验值判断是否显著，得到以下检验结果，见表6-2：

表6-2 单位根检验

变量	差分阶数	检验形式（C，T，K）	ADF值	P值	结果
lnY	0	（C，N，0）	1.6379	0.9992	非平稳
	1	（C，N，0）	−3.7940	0.0088	平稳
lnpay	0	（C，N，1）	−0.9814	0.7445	非平稳
	1	（C，N，2）	−4.4633	0.0020	平稳
lnP2P	0	（C，N，0）	−0.7619	0.8132	非平稳
	1	（C，N，0）	−5.7911	0.0001	平稳
lnins	0	（C，N，0）	−2.0931	0.2488	非平稳
	1	（N，N，0）	−6.9857	0.0000	平稳
lnmf	0	（C，T，4）	−3.0226	0.1486	非平稳
	1	（C，N，0）	−5.2712	0.0002	平稳
lnive	0	（N，N，0）	2.7828	0.9978	非平稳
	1	（C，N，0）	−6.3276	0.0000	平稳

注：在检验形式项里面，C所检验的是有无截距，在这里面，C对应的为有截距项，N对应的为无截距项；T所检验的是有无趋势项，在这里面，T对应的为有趋势项，N对应的为无趋势项；K所检验的是滞后阶数，具体是通过AIC准则（赤池信息准则）予以明确。

对表6-2数据进行分析，不难发现，在差分阶数为0的情况下，即6个变量均为水平值的情况下，6个变量序列的原假设并不成立，这就意味着在平稳性方面，原始序列的水平值不符合要求。在差分阶数为1时，对序列进行一阶差分检验以后，原假设均成立，这就意味着原始序列的一阶差分检验结果是平稳的，因此表明6个变量序列均为一阶单整序列。

6.3.3 协整检验

作为时间序列，虽然协整理论存在不平稳的情况，但它可借助于特定的线性关系进行组合，共同移动，促使不同的变量之间形成一定关系，并且这种关系是长期性的。因此，可借助于协整关系来研究不同的序列之间是否存在一定的关系，并且这种关系是否处于长期均衡状态。一般情况下，在一组序列为同阶单整序列的情况下，则表明该序列存在协整关系。对前文中的单位根检验情况进行分析，6个序列变量均为一阶单整序列，因此因变量与5个自变量构成的5组序列之间存在协整关系。

本书使用Johansen协整检验方法对各组变量进行协整检验。本书针对各组变量建立了VAR模型，从而明确协整检验的阶数，按照SIC（施瓦茨信息准则）、AC（艾克准则）信息最小量标准，使用EViews软件来获取最为理想的滞后阶数，在此基础上进行协整分析，得出以下检验结果，见表6-3。

表6-3   **变量协整检验表**

滞后阶数		原假设	迹统计量值	5%显著性水平值	P值
lnY 和 lnpay	2	没有协整向量	62.37672*	25.87311	0.0000
		最多有一个协整向量	10.25623	12.51798	0.1160
lnY 和 lnP2P	1	没有协整向量	41.56052*	20.26184	0.0000
		最多有一个协整向量	5.925130	9.164546	0.1966
lnY 和 lnins	3	没有协整向量	26.42289*	25.87211	0.0427
		最多有一个协整向量	9.964489	12.51798	0.1288

续表

滞后阶数		原假设	迹统计量值	5%显著性水平值	P值
lnY 和 lnmf	5	没有协整向量	26.62980*	15.49471	0.0007
		最多有一个协整向量	7.017463*	3.841466	0.0081
lnY 和 lnive	1	没有协整向量	43.31737*	12.32090	0.0000
		最多有一个协整向量	9.667237*	4.129906	0.0022

注：*表示在5%的水平显著。

对各组变量的检验结果进行分析，针对互联网支付指数与因变量的变量组，本书做出了两个假设：

假设6.6：该变量组不存在协整关系；

假设6.7：该变量组最多有一个协整关系。

对于因素变量与互联网支付指数的变量组，针对假设6.6，对应的P值为0.0000，而在显著性水平为5%的情况下，P值低于0.05，表明在该显著性水平下，假设6.6并不成立；针对假设6.7，对应的P值为0.1160，而在显著性水平为5%的情况下，P值高于0.05，表明在该显著性水平下，假设6.7成立。因此，该变量组长期存在一个协整关系。

依此类推，对于因变量与互联网网贷指数的变量组，本书同样做出了两个假设，假设6.6不成立，假设6.7成立，表明该变量组长期存在一个协整关系。对于因变量和互联网保险指数的变量组，假设6.6不成立，假设6.7成立，表明该变量组长期存在一个协整关系。对于因变量与互联网货币基金指数的变量组，假设6.6、假设6.7均不成立，表明该变量组长期存在多个协整关系。对于因变量和互联网投资指数的变量组，假设6.6、假设6.7均不成立，表明该变量组长期存在多个协整关系。综合以上，上述变量组之间均长期存在协整关系。

6.3.4 建立模型方程

针对5个自变量分别建立方程，对模型残差序列是否存在相关性进行检验，对相关变量与消费结构的关系进行研究。假如存在相关性，则在自相关消除的基础上建立模型来修正误差。

（1）建立 lnY 和 lnpay 的模型

构建 lnY、lnpay 的长期均衡关系模型，方程如下：

$$\ln Y_t = \alpha + \beta_1 \ln pay_t + \mu_t \tag{6-2}$$

利用 EViews 软件获得到如下模型估计结果，见表 6-4。

表6-4   lnY 和 lnpay 模型回归系数表

变量	系数	标准差	t统计量	P值
C	−0.605944	0.005230	−115.8604	0.0000
lnpay	0.024009	0.001040	23.08768	0.0000
R^2	0.955200		F-statistic	533.0409
Adjusted R^2	0.953408	Prob（F-statistic）		0.0000
DW	0.529706			

对该模型进行检验，从而判断该模型是否存在整体显著性。该模型的 F 值为 533.0409，P 值为 0.0000，在显著性水平为 1% 的情况下通过了检验，表明存在整体显著性。该模型调整后 R^2 值为 0.9534，意味着在拟合度方面，该模型是符合要求的。由 DW=0.5297 不难发现，残差序列存在自相关。考虑到残差项的一阶相关性，因此应添加滞后项，针对因变量和互联网支付指数建立分布滞后模型，方程如下：

$$\ln Y_t = \alpha + \beta_1 \ln pay_t + \beta_2 \ln pay_{t-1} + \beta_3 \ln Y_{t-1} + \mu_t \tag{6-3}$$

利用 EViews 软件得到如下模型估计结果，见表 6-5。

表6-5   lnY 和 lnpay 分布滞后模型回归系数表

变量	系数	标准差	t统计量	P值
C	0.021668	0.066963	0.380443	0.7072
lnpay	0.006243	0.002765	1.867744	0.0761
lnpay（−1）	−0.006312	0.002692	−1.973432	0.0612
lnY（−1）	1.041642	0.094066	11.07228	0.0000
R^2	0.993468		F-statistic	1 212.6681
Adjusted R^2	0.993456	Prob（F-statistic）		0.0000
DW	2.430186			

根据表6-5，得到如下模型方程：

$$\ln Y_t = 0.0217 + 0.0062\ln pay_t - 0.0063\ln pay_{t-1} + 1.0416\ln Y_{t-1} + \mu_t \qquad (6-4)$$

通过检验从而判断该模型是否存在整体显著性，F值、P值分别为1 212.6681、0.0000，在显著性水平为1%的情况下通过了检验，表明具备整体显著性。该模型调整后 R^2 值为0.9935，表明该模型是符合要求的。由DW=2.4302不难得知，残差序列不存在自相关，其自相关已被消除。本书对以上模型的残差进行修正，构建相应的修正模型，方程如下：

$$\Delta\ln Y_t = \alpha + \beta_1\Delta\ln pay_t + \beta_2\Delta\ln pay_{t-1} + \beta_3\Delta\ln Y_{t-1} + \gamma_1\theta_{t-1} + \mu_t \qquad (6-5)$$

利用EViews软件得到如下模型估计结果，见表6-6。

表6-6　　　　　lnY和lnpay误差修正模型回归系数表

变量	系数	标准差	t统计量	P值
C	0.000170	0.000285	0.596580	0.5575
D（lnpay）	0.004838	0.001918	2.522419	0.0202
D（lnpay（-1））	-0.012918	0.002830	-4.564712	0.0002
D（lnY（-1））	1.117620	0.431510	2.590017	0.0175
E（-1）	-1.307518	0.451763	-2.894256	0.0090
R^2	0.603811		F-statistic	7.6202
Adjusted R^2	0.524573	Prob（F-statistic）		0.0007
DW	1.964701			

根据表6-6，得到如下模型方程：

$$\Delta\ln Y_t = 0.0002 + 0.0048\Delta\ln pay_t - 0.0129\Delta\ln pay_{t-1} + 1.1176\Delta\ln Y_{t-1} - $$
$$1.3075\theta_{t-1} + \mu_t \qquad (6-6)$$

通过检验从而判断该模型是否存在整体显著性，F值、P值分别为7.6202、0.0007，在显著性水平为1%的情况下通过了检验，表明该模型具备整体显著性。该模型调整后 R^2 值为0.5246，表明在拟合度方面，该模型是符合要求的。另外，短期内lnpay对lnY的弹性系数为0.0048，表明在短期内，lnpay对lnY起到一定的促进作用，lnpay每发生一个单位的增长变化，lnY将发生0.0048个单位的增长变化。

（2）建立lnY和lnP2P的模型

建立lnY与lnP2P的长期均衡关系模型，方程如下：

$$\ln Y_t = \alpha + \beta_1 \ln P2P_t + \mu_t \tag{6-7}$$

利用EViews软件得到如下模型估计结果，见表6-7。

表6-7　　　　　　　　　　lnY和lnP2P模型回归系数表

变量	系数	标准差	t统计量	P值
C	−0.534052	0.001866	−281.0218	0.0000
lnP2P	0.006652	0.000322	20.97432	0.0000
R^2	0.946216		F-statistic	439.9212
Adjusted R^2	0.944176	Prob（F-statistic）		0.0000
DW	0.442256			

对该模型进行检验，从而判断该模型是否存在整体显著性。该模型的F值为439.9212，P值为0.0000，在显著性水平为1%的情况下通过了检验，表明存在整体显著性。该模型调整后R^2值为0.9442，意味着在拟合度方面，该模型是符合要求的。由DW=0.4423不难发现，残差序列存在自相关。考虑到残差项的一阶相关性，因此应添加滞后项，针对因变量和互联网网贷指数建立分布滞后模型，方程如下：

$$\ln Y_t = \alpha + \beta_1 \ln P2P_t + \beta_2 \ln P2P_{t-1} + \beta_3 \ln Y_{t-1} + \mu_t \tag{6-8}$$

利用EViews软件得到如下模型估计结果，见表6-8。

表6-8　　　　　　　　lnY和lnP2P分布滞后模型回归系数表

变量	系数	标准差	t统计量	P值
C	0.022257	0.058415	0.535510	0.6675
lnP2P	0.000603	0.000885	0.795215	0.5450
lnP2P（−1）	−0.000764	0.000966	−0.790038	0.5479
lnY（−1）	1.051630	0.093497	11.16563	0.0000
R^2	0.992368		F-statistic	953.5492
Adjusted R^2	0.991348	Prob（F-statistic）		0.0000
DW	2.743055			

根据表6-8，得到如下模型方程：

$$\ln Y_t = 0.0223 + 0.0006\ln P2P_t - 0.0008\ln P2P_{t-1} + 1.0516\ln Y_{t-1} + \mu_t \quad (6-9)$$

通过检验从而判断该模型是否存在整体显著性，F值、P值分别为953.5492、0.0000，在显著性水平为1%的情况下通过了检验，表明具备整体显著性。该模型调整后R²值为0.9913，表明该模型是符合要求的。由DW=2.7431不难得知，残差序列不存在自相关，其自相关已被消除。本书对以上模型的残差进行修正，构建相应的修正模型，方程如下：

$$\Delta \ln Y_t = \alpha + \beta_1 \Delta \ln P2P_t + \beta_2 \Delta \ln P2P_{t-1} + \beta_3 \Delta \ln Y_{t-1} + \gamma_1 \theta_{t-1} + \mu_t \quad (6-10)$$

利用EViews软件得到如下模型估计结果，见表6-9。

表6-9　　　　　　　lnY和lnP2P误差修正模型回归系数表

变量	系数	标准差	t统计量	P值
C	0.000256	0.000423	0.605124	0.5519
D（lnP2P）	0.000571	0.000761	0.751128	0.4613
D（lnP2P（−1））	−0.002824	0.000730	−3.869359	0.0010
D（lnY（−1））	0.943679	0.545660	1.729427	0.0991
E（−1）	−1.291793	0.566545	−2.280124	0.0337
R²	0.504103		F-statistic	5.0827
Adjusted R²	0.404923	Prob（F-statistic）		0.0054
DW	2.012474			

根据表6-9，得到如下模型方程：

$$\Delta \ln Y_t = 0.0003 + 0.0006\Delta \ln P2P_t - 0.0028\Delta \ln P2P_{t-1} + 0.9437\Delta \ln Y_{t-1} - 1.2918\theta_{t-1} + \mu_t \quad (6-11)$$

通过检验从而判断该模型是否存在整体显著性，F值、P值分别为5.0827、0.0054，在显著性水平为1%的情况下通过了检验，表明具备整体显著性。该模型调整后R²值为0.4049，表明在拟合度方面，该模型是符合要求的。另外，短期内lnP2P对lnY的弹性系数为0.0006，表明在短期内，lnP2P会对lnY起到一定的促进作用，lnP2P每发生一个单位的增长变化，lnY将发生0.0006个单位的增长变化。

（3）建立lnY和lnins的模型

建立lnY与lnins的长期均衡关系模型，方程如下：

$$\ln Y_t = \alpha + \beta_1 \ln ins_t + \mu_t \tag{6-12}$$

利用EViews软件得到如下模型估计结果，见表6-10。

表6-10 　　　　　　　　lnY和lnins模型回归系数表

变量	系数	标准差	t统计量	P值
C	−0.559875	0.007411	−75.54259	0.0000
lnins	0.013484	0.001337	10.08215	0.0000
R^2	0.802605		F-statistic	101.6498
Adjusted R^2	0.794710	Prob（F-statistic）		0.0000
DW	0.996568			

对该模型进行检验，从而判断该模型是否存在整体显著性。该模型的F值为101.6498，P值为0.0000，在显著性水平为1%的情况下通过了检验，表明存在整体显著性。该模型调整后R^2值为0.7947，意味着在拟合度方面，该模型是符合要求的。由DW=0.9966不难发现，残差序列存在自相关。考虑到残差项的一阶相关性较强，因此应添加滞后项，针对因变量和互联网保险指数建立分布滞后模型，方程如下：

$$\ln Y_t = a + \beta_1 \ln ins_t + \beta_2 \ln ins_{t-1} + \beta_3 \ln Y_{t-1} + \mu_t \tag{6-13}$$

利用EViews软件得到如下模型估计结果，见表6-11。

表6-11 　　　　　　　lnY和lnins分布滞后模型回归系数表

变量	系数	标准差	t统计量	P值
C	0.013259	0.029395	0.456831	0.6526
lnins	0.000336	0.000728	0.439532	0.6648
lnins（−1）	−0.000352	0.000636	−0.394802	0.6966
lnY（−1）	1.027078	0.051686	19.86082	0.0000
R^2	0.992222		F-statistic	935.2512
Adjusted R^2	0.991158	Prob（F-statistic）		0.0000
DW	2.921466			

根据表6-11，得到如下模型方程：

$$\ln Y_t = 0.0133 + 0.0003\ln ins_t - 0.0004\ln ins_{t-1} + 1.0271\ln Y_{t-1} + \mu_t \qquad (6-14)$$

通过检验从而判断该模型是否存在整体显著性，F值、P值分别为935.2512、0.0000，在显著性水平为1%的情况下通过了检验，表明具备整体显著性。该模型调整后R^2值为0.9912，表明该模型是符合要求的。由DW=2.9215不难得知，残差序列不存在自相关，其自相关已被消除。本书对以上模型的残差进行修正，构建相应的修正模型，方程如下：

$$\Delta \ln Y_t = \alpha + \beta_1 \Delta \ln ins_t + \beta_2 \Delta \ln ins_{t-1} + \beta_3 \Delta \ln Y_{t-1} + \gamma_t \theta_{t-1} + \mu_t \qquad (6-15)$$

利用EViews软件得到如下模型估计结果，见表6-12。

表6-12 　　　　lnY和lnins误差修正模型回归系数表

变量	系数	标准差	t统计量	P值
C	0.000256	0.0005076	0.7261488	0.5519
D（lnins）	0.000411	0.0009132	0.9013536	0.4613
D（lnins（-1））	0.002231	0.000876	−4.6432308	0.0010
D（lnY（-1））	1.146129	0.654792	2.0753124	0.0991
E（-1）	1.587698	0.679854	−2.7361488	0.0337
R^2	0.251843		F-statistic	2.5151
Adjusted R^2	0.201623	Prob（F-statistic）		0.0738
DW	2.012474			

根据表6-12，得到如下模型方程：

$$\Delta \ln Y_t = 0.0003 + 0.0004\Delta \ln ins_t + 0.0022\Delta \ln ins_{t-1} + 1.1461\Delta \ln Y_{t-1} + 1.5877\theta_{t-1} + \mu_t \qquad (6-16)$$

通过检验从而判断该模型是否存在整体显著性，F值、P值分别为2.5151、0.0738，虽然在显著性水平为1%的情况下没有通过检验，但在显著性水平为10%的情况下通过了检验，表明该模型仍具备整体显著性。该模型调整后R^2值为0.2016，表明在拟合度方面，该模型解释能力稍差。另外，短期内lnins对lnY的弹性系数为0.0004，表明在短期内，lnins对lnY起到一定的促进作用，lnins每发生一个单位的增长变化，lnY将发生0.0004个单位的增长变化。

（4）建立lnY和lnmf的模型

建立lnY与lnmf的长期均衡关系模型，方程如下：

$$\ln Y_t = \alpha + \beta_1 \ln mf_t + \mu_t \tag{6-17}$$

利用EViews软件得到如下模型估计结果，见表6-13。

表6-13　　　　　　　　lnY和lnmf模型回归系数表

变量	系数	标准差	t统计量	P值
C	−0.601973	0.006084	−98.94264	0.0000
lnmf	0.023292	0.001203	19.19472	0.0000
R^2	0.936465		F-statistic	368.4756
Adjusted R^2	0.933922	Prob（F-statistic）		0.0000
DW	0.458543			

对该模型进行检验，从而判断该模型是否存在整体显著性。该模型的F值为368.4756，P值为0.0000，在显著性水平为1%的情况下通过了检验，表明存在整体显著性。该模型调整后R^2值为0.9339，意味着在拟合度方面，该模型是符合要求的。由DW=0.4585不难发现，残差序列存在自相关。考虑到残差项的一阶相关性，因此应添加滞后项，针对因变量和互联网货币基金指数建立分布滞后模型，方程如下：

$$\ln Y_t = \alpha + \beta_1 \ln mf_t + \beta_2 \ln mf_{t-1} + \beta_3 \ln Y_{t-1} + \mu_t \tag{6-18}$$

利用EViews软件得到如下模型估计结果，见表6-13。

表6-14　　　　　　lnY和lnmf分布滞后模型回归系数表

变量	系数	标准差	t统计量	P值
C	0.004696	0.032032	0.139122	0.8905
lnmf	0.006986	0.001426	4.892372	0.0001
lnmf（−1）	−0.006292	0.001502	−4.250112	0.0003
lnY（−1）	1.013326	0.054872	18.48778	0.0000
R^2	0.996326		F-statistic	2 142.9281
Adjusted R^2	0.996926	Prob（F-statistic）		0.0000
DW	2.624232			

根据表6-14，得到如下模型方程：

$$\ln Y_t = 0.0047 + 0.0070\ln mf_t - 0.0063\ln mf_{t-1} + 1.0133\ln Y_{t-1} + \mu_t \quad (6-19)$$

通过检验从而判断该模型是否存在整体显著性，F值、P值分别为 2 142.9281、0.0000，在显著性水平为1%的情况下通过了检验，表明具备整体显著性。该模型调整后 R^2 值为0.9969，表明该模型是符合要求的。由 DW=2.6242 不难得知，残差序列不存在自相关，其自相关已被消除。本书对以上模型的残差进行修正，构建相应的修正模型，方程如下：

$$\Delta\ln Y_t = \alpha + \beta_1\Delta\ln mf_t + \beta_2\Delta\ln mf_{t-1} + \beta_3\Delta\ln Y_{t-1} + \gamma_1\theta_{t-1} + \mu_t \quad (6-20)$$

利用EViews软件得到如下模型估计结果，见表6-15。

表6-15　　　　　　　　lnY和lnmf误差修正模型回归系数表

变量	系数	标准差	t统计量	P值
C	0.000138	0.000192	0.705926	0.4883
D（lnmf）	0.006666	0.001216	5.527943	0.0000
D（lnmf（−1））	−0.008286	0.002328	−3.645433	0.0026
D（lnY（−1））	0.934136	0.323222	2.8900186	0.0092
E（−1）	−1.246368	0.366565	−3.405584	0.0028
R^2	0.710604		F-statistic	12.2774
Adjusted R^2	0.652726	Prob（F-statistic）		0.0000
DW	1.849512			

根据表6-15，得到如下模型方程：

$$\Delta\ln Y_t = 0.0001 + 0.0067\Delta\ln mf_t - 0.0083\Delta\ln mf_{t-1} + 0.9341\Delta\ln Y_{t-1} - 1.2464\theta_{t-1} + \mu_t \quad (6-21)$$

通过检验从而判断该模型是否存在整体显著性，F值、P值分别为 12.2774、0.0000，在显著性水平为1%的情况下通过了检验，表明具备整体显著性。该模型调整后 R^2 值为0.6527，表明在拟合度方面，该模型是符合要求的。另外，短期内 lnmf 对 lnY 的弹性系数为0.0067，表明在短期内，lnmf 会对 lnY 起到一定的促进作用，lnmf 每发生一个单位的增长变化，lnY 将发生0.0067个单位的增长变化。

（5）建立 lnY 和 lnive 的模型

建立 lnY 与 lnive 的长期均衡关系模型，方程如下：

$$\ln Y_t = \alpha + \beta_1 \ln ive_t + \mu_t \tag{6-22}$$

利用 EViews 软件得到如下模型估计结果，见表6-16。

表6-16　　　　　　　　lnY和lnive模型回归系数表

变量	系数	标准差	t统计量	P值
C	-0.539095	0.004616	-116.7776	0.0000
lnive	0.009922	0.000828	11.70218	0.0000
R^2	0.855623		F-statistic	135.9412
Adjusted R^2	0.839428	Prob（F-statistic）		0.0000
DW	0.210212			

对该模型进行检验，从而判断该模型是否存在整体显著性。该模型的 F 值为135.9412，P 值为0.0000，在显著性水平为1%的情况下通过了检验，表明存在整体显著性。该模型调整后 R^2 值为0.8394，意味着在拟合度方面，该模型是符合要求的。由 DW=0.2102不难发现，残差序列存在自相关。考虑到残差项的一阶相关性，因此应添加滞后项，针对因变量和互联网投资指数建立分布滞后模型，方程如下：

$$\ln Y_t = a + \beta_1 \ln ive_t + \beta_2 \ln ive_{t-1} + \beta_3 \ln Y_{t-1} + \mu_t \tag{6-23}$$

利用 EViews 软件得到如下模型估计结果，见表6-17。

表6-17　　　　　　　lnY和lnive分布滞后模型回归系数表

变量	系数	标准差	t统计量	P值
C	0.016864	0.027941	0.603552	0.5524
lnive	0.000762	0.001160	0.654632	0.5296
lnive（-1）	-0.000758	0.001232	-0.623362	0.5459
lnY（-1）	1.033282	0.052005	19.86874	0.0000
R^2	0.992276		F-statistic	942.0857
Adjusted R^2	0.981222	Prob（F-statistic）		0.0000
DW	2.775424			

根据表6-17，得到如下模型方程：

$$\ln Y_t = 0.0169 + 0.0008\text{lnive}_t - 0.0008\text{lnive}_{t-1} + 1.0333\ln Y_{t-1} + \mu_t \quad (6-24)$$

通过检验从而判断该模型是否存在整体显著性，F值、P值分别为 942.0857、0.0000，在显著性水平为1%的情况下通过了检验，表明具备整体显著性。该模型调整后 R^2 值为0.9812，表明该模型是符合要求的。由DW=2.7754不难得知，残差序列不存在自相关，其自相关已被消除。本书对以上模型的残差进行修正，构建相应的修正模型，方程如下：

$$\Delta \ln Y_t = \alpha + \beta_1 \Delta\text{lnive}_t + \beta_2 \Delta\text{lnive}_{t-1} + \beta_3 \Delta\ln Y_{t-1} + \gamma_1 \theta_{t-1} + \mu_t \quad (6-25)$$

利用EViews软件得到如下模型估计结果，见表6-18。

表6-18 　　　　　　　**lnY和lnive误差修正模型回归系数表**

变量	系数	标准差	t统计量	P值
C	0.000821	0.000472	0.184315	0.8565
D（lnive）	0.000987	0.001186	0.841047	0.4212
D（lnive（-1））	-0.003352	0.000836	-3.476041	0.0026
D（lnY（-1））	1.055342	0.581456	1.816787	0.0842
E（-1）	-1.430691	0.605532	-2.362315	0.0282
R^2	0.485742		F-statistic	4.7226
Adjusted R^2	0.382891	Prob（F-statistic）		0.0076
DW	1.905648			

根据表6-18，得到如下模型方程：

$$\Delta \ln Y_t = 0.0008 + 0.0010\Delta\text{lnive}_t - 0.0034\Delta\text{lnive}_{t-1} + 1.0553\Delta\ln Y_{t-1} - 1.4307\theta_{t-1} + \mu_t \quad (6-26)$$

通过检验从而判断该模型是否存在整体显著性，F值、P值分别为 4.7226、0.0076，在显著性水平为1%的情况下通过了检验，表明具备整体显著性。该模型调整后 R^2 值为0.3829，表明在拟合度方面，该模型是符合要求的。另外，短期内lnive对lnY的弹性系数为0.0010，表明在短期内，lnive会对lnY起到一定的促进作用，lnive每发生一个单位的增长变化，lnY将发生0.0010个单位的增长变化。

综合以上，得出 lnY 关于 5 个自变量的弹性系数，具体见表 6-19。

表6-19　　　　　　　　　　　　**弹性系数表**

自变量对数	短期弹性系数
lnpay	0.0048
lnP2P	0.0006
lnins	0.0004
lnmf	0.0067
lnive	0.0010

对表 6-19 中的数据进行分析不难发现，5 个自变量对数对于因变量对数的短期弹性系数均为正值，意味着在较短的时间内，5 个自变量对数短期都会对因变量对数起到一定的促进作用。结合短期弹性系数数值进行分析，自变量对数由大到小分别为 lnmf、lnpay、lnive、lnP2P、lnins，表明这 5 个自变量对因变量的影响最为显著的是 mf，影响最不明显的是 ins。

6.4　实证结果分析

理论上，pay、P2P、ins、mf、ive 这 5 个自变量对因变量的影响越高，越对居民消费结构的升级具有正向作用。本书采用实证分析方法进行检验，5 个自变量均对居民消费结构的改善起到了正向作用，并且这种影响作用的排序如下：mf＞pay＞ive＞P2P＞ins。进一步来说：

（1）5 个自变量与因变量均呈正相关，并且这种相关性较为显著，这就意味着存在一定的拉动作用，可以起到平滑居民消费、促进居民消费升级、保障居民消费的作用。

（2）mf 对居民消费结构的影响最为显著，意味着 mf 能够为居民消费提供有力保障。鉴于监督管理部门对银行存款的最高利率做出了严格规定，相较于互联网货币基金而言，银行存款这种传统理财方式的利率较低，缺乏吸引力。此外，在我国，余额宝是发展最为成熟的互联网货币基金之一，发挥了支付宝的客户资源优势，吸收了市场中的大量闲置投资资金，颠覆了投资者的传统思想，改变了传统的消费方式。

（3）在5个自变量中，对消费结构影响排名第二的是 pay，表明消费者已对线上支付的便捷性有了广泛认知，并由此强化了消费者的消费意识。

（4）在以上5个自变量中，对居民消费结构影响排名第四的是 P2P，表明网络贷款的渗透率依然处于较低水平，无法对居民消费起到明显的平滑作用。这与网络贷款较高的风险、未能建立成熟的监督管理制度有关。

（5）在5个自变量中，ins 对居民消费结构的影响最不明显。对这一现象进行分析，可能一是由于网络保险的市场渗透率较低，居民缺乏较强的保险观念；二是由于互联网保险极易出现各种雷区，存在较大的风险，极易引发纠纷。长期看来，我国正在改善社会保障制度，网络保险也具备良好的成长空间。

7 主要结论、对策和建议

不确定性增大、流动性约束及收入差距拉大是导致消费不足的主要缘由。互联网金融以深入的方式融入消费者的生活，提高了对实体经济的服务水平；随着互联网技术的深入运用，互联网金融流向更多的长尾客户和更多的地区，从而使金融运作更加高效，同时可以减少金融费用，最终促进整体经济的发展。本书结合金融发展理论、消费理论和我国居民消费行为的特性，对互联网金融影响我国居民消费需求、消费增进及消费结构的作用机制进行了理论分析和实证检验，并针对研究结论，提出了促进社会消费、释放消费潜力的对策和建议。研究的主要结论、对策和建议如下：

7.1 主要结论

7.1.1 互联网金融对消费需求的影响

本书采用实证分析法研究了二者的影响关系，得出以下结论：

（1）互联网金融的模式较为多样化，与居民平均需求水平存在正相关关系，并且这种相关性较为显著，这就意味着互联网金融能加强居民的消费意向。从互联网金融对居民消费倾向的提升效应进行分析，互联网支付对居民消费倾向的提升作用最为显著，其提升作用比互联网货币基金更为明显，排在第三的是互联网保险，互联网网贷对于居民消费倾向的提升作用最小，互联网投资略高于互联网网贷。

（2）通过采用回归分析法研究互联网金融对消费需求的保障作用，经研究得知五个自变量的对数和交互项系数与消费需求正相关，并且这种相关性较为显著，这就意味着互联网金融采用减小不确定性的方式，为居民的生存性需求消费提供了保障，对于居民消费起到了平滑的作用。保障作用最为明显的是互联网支付，其次是互联网投资，排名第三的是互联网网贷，保障作用最小的是互联网保险。

（3）采用回归分析方法研究互联网金融对消费需求减小流动性的限制效果，居民消费需求仅对互联网网贷条件变化存在"过度敏感性"的特点，回归系数数值在零以下，表明互联网网贷会对居民消费需求带来一定影响，这种影响是通过降低流动性风险来传导的。

7.1.2　互联网金融对消费增进的影响

（1）首先，使用互联网支付指数、互联网网贷指数发展规模对消费行为的支付、预算平滑作用进行检验。互联网支付方式的发展使得居民的消费支出更加便捷，互联网网贷的发展会对消费起到一定的促进作用，进而证实了互联网金融会对居民消费行为起到平滑的作用。

（2）其次，将互联网保险指数、互联网货币基金指数作为互联网金融的保障变量，对这些变量对消费行为的保障机制进行检验。互联网保险由于发展时间较短，虽然对居民消费稍有抑制，但抑制作用较小，能够为居民消费提供一定的保障，互联网货币基金能够增加居民的消费支出，进而证实了互联网保险和互联网货币基金会对居民消费行为起到一定的保障作用。

（3）最后将互联网投资指数作为变量，检验互联网金融对居民消费的增值效应。互联网投资能使居民获得更高的收益，从而提升居民的经济实力，进而证实了互联网投资对居民消费行为起到了良好的促进作用。

7.1.3　互联网金融对消费结构的影响

互联网金融对居民消费结构影响的实证分析发现：

（1）五个指数和人均第三产业消费占人均消费总额比重都表现出明显的正相关关系，指数越高，越能促进居民消费结构升级。其影响作用由大到小依次为 mf、pay、ive、P2P、ins。这意味着互联网金融对于居民消费结构升级具有拉动作用，对于居民消费具有平滑、增值与保障功能。

（2）互联网货币基金指数对消费结构的影响最明显，表明互联网货币基金较好地表现出了对居民收入以及消费的促增长作用。互联网支付指数对消费结构影响也较为显著，说明互联网支付已经成为触发社会消费变动的一个重要变量。互联网网贷指数、互联网保险指数对于消费结构的影响表现并不显著，这一情况说明近年来互联网网贷、互联网保险出现的各种风险问题已经使消费者产生了心理抵触，成为制约互联网网贷、互联网保险发展的一个主要因素。未来应加强对互联网网贷、互联网保险的风险管控。

7.2　对策和建议

过去，我国金融市场被银行等传统金融机构所主导，随着互联网金融的诞生，这种局面发生了变化。互联网金融及其多样化模式的不断创新，为市场提供了多样化的"平台"，如此一来，就能提升金融的普惠性，使金融产品与服务覆盖更多的民众、非大型企业等。在特定的互联网模式下，资金供应方、需求方可以建立关系，互联网金融不过是提供单一的平台式服务，而资金供应主体、需求主体通过该平台实现了多样化需求的交错匹配。此外，互联网金融能结合消费者的个人习惯、资信情况等来开发差异化的金融产品与服务，为消费者提供更多的选择空间，使消费者的需求得到满足。这对于我国目前"拉动内部需求""稳定增长"的经济发展战略起到了重要作用。

党的二十大报告指出："促进数字经济和实体经济深度融合,打造具有国际竞争力的数字产业集群。"目前,一方面互联网金融已成为使民众美好生活需求得到满足的重要方式,另一方面我国互联网金融面临着发展失衡、无法全面发展的问题,只有通过加大监督管理力度、进行金融创新,使二者之间保持动态平衡,才能实现促进互联网金融健康发展与满足人们美好生活需要的双重目标。

为使构建的政策体系更加完善和全面,应用了前面章节中的实证成果,并选择了宏观—中观—微观三个层面进行探讨,提出具有针对性的策略和建议。保障体系应构建完成,更重要的是应形成政策体系(如图7-1所示),以刺激居民消费,并为居民消费水平的提升起到良好的推动作用。

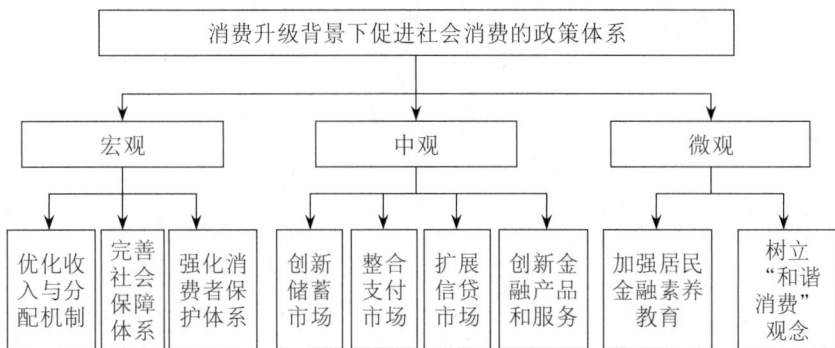

图7-1 消费升级背景下促进社会消费的政策体系

7.2.1 对宏观政策制定部门的政策建议

政府机构处于宏观层面,在居民负债体系建设过程中,把重心放在对消费者的保护方面,具体体现在三大板块上:收入与分配机制的优化、社会保障体系的完善、消费者保护体系的强化。

(1)优化收入与分配机制。

对于居民来说,对消费最具影响力的因素是收入。该因素对消费的系数影响最为突出。当居民处于不同的收入层次中,对消费支出水平与支出结构进行比较,显然存在的差异较大。当居民处于较高的收入层次中,不论是整体消费支出水平,还是不同类型消费支出,都处于较高状态。在诸多消费支出中食品消费所占比重较低。交通通信及科教文化娱乐占总消费的比例提升被视为消费结构升级的代表，所以要提升其占总消费的比例。从不同区域对消费情况进行探讨，东部地区的经济处于相对发达状态，与中西部地区相比，消费支出一直处于较高水平，消费结构升级程度也较高。从居民群体自身的情况来看，城镇居民与农村居民进行比较可以看出，两者在收入上仍然存在较大的差异，所进行的消费行为各不相同，这是我国居民消费中难以解决的问题。本书做了大量实证研究，并对城乡居民消费进行分析，可以看到城乡居民在消费观点上是不同的，存在较为严重的消费矛盾，因此提升居民消费水平和优化居民消费结构的出发点要明确，即使居民收入水平达到较高标准，分配机制改革也要继续深化，缩小收入等级和各区域间的差距。收入因素对居民消费具有较大的影响力。

（2）完善社会保障体系。

在社会发展过程中，社会保障发挥着稳定器的作用，在经济发展中则作为调节器而存在。社会保障使收入分配机制发挥出更大的效应，对社会公平也起到促进作用。学术界做了大量的理论研究并取得丰硕的成果，认为随着社会保障体系的完善，居民收入差距将会越来越小，居民后期收入的不确定性会相应减小，这一措施将对居民消费能力的提升带来显著影响。此外，不容忽视的是，正如社会保障体系能够为居民收入差距的减小起到良好的促进作用一样，商业保险具有同样的作用。在居民消费阶段，要切实将双重保障作用发挥出来，以强化居民的消费意向，提升居民的消费水平。

从某种意义上讲，社会保障是一种基本的消费维护方式，各种学术观点对之的定义大致相似，优化社会保障机制，对保护人民权益、维护社会和谐、促进社会主义市场经济发展具有重要意义。目前，我国的社会保障制度在促进居民收入的增长中占有举足轻重的地位，但仍然有一定问题，尤其是医疗、教育、养老等领域的发展遇到了不同阻碍。有关资料显示，在居民消费占比里面，目前我国的医疗、教育、养老等消费比重较高，这就增加了青年消费者对今后的高消费需求要进行周到的考虑。在发达国家，由于社会保险覆盖面很广，而且工资增长比较稳定，因此消费信贷的发展速度要比发展中国家高得多。社会保障体系的健全，可以增强社会成员的"超前消费"意识，从而促进社会经济的健康发展。发达国家社会保障体系相对健全，拥有较多的生产资料、较小的人口基数，使得其居民消费水平相对较高。党的二十大报告明确指出："必须完整、准确、全面贯彻新发展理念，坚持社会主义市场经济改革方向，坚持高水平对外开放，加快构建以国内大循环为主体、国内国际双循环相互促进的新发展格局。"要坚持以推动高质量发展为主题，把实施扩大内需战略同深化供给侧结构性改革有机结合起来，增强国内大循环内生动力和可靠性，提升国际循环质量和水平，加快建设现代化经济体系，着力提高全要素生产率，着力提升产业链供应链韧性和安全水平，着力推进城乡融合和区域协调发展，推动经济实现质的有效提升和量的合理增长。

与此同时，随着数字化技术发展，各行各业都在探索数字化转型。互联网逐渐渗透人们生活的方方面面，使其生活更加便利，也使其离不开生活社区等。未来可以利用传播范围更广的互联网来普及居民信用教育，利用一些社会影响力较大的人物树立榜样对其加以推广宣传，营造健康良好的信用环境，管理互联网上相关消费思想的传播。信用教育不光依靠学校，社会生活才是最好的老师，从社会的方方面面实践才能获得最佳信用教育成果。

（3）强化消费者保护体系。

随着金融市场的快速发展与互联网技术的不断进步，互联网技术与传统金融行业快速、有机地结合起来，为互联网金融产业的诞生与迅猛发展起到良好的推动作用。互联网金融的诞生使得更多人对普惠金融等概念建立了相应认知。P2P网络借贷平台是互联网技术与传统借贷的创新式结合，取代了通过银行等金融机构贷款进行间接筹资的方式，通过网络平台为借贷双方搭建了一座桥梁，使双方通过网络平台直接建立借贷关系。P2P网络借贷平台将债权债务关系脱离了传统商业银行的金融中介机构，提供了一个联结借款人（资金需求者）与出借人（资金供给者）的借贷需求信息的中介平台，从而为出借人提供了潜在的投资机会，为借款人拓宽了融资渠道。我国自2007年第一家网络借贷平台

"拍拍贷"成立后，随着社会关注度的不断提高，无论是平台数量还是成交额都呈现惊人的爆发式增长。如今，无论是为了满足消费需求还是为了满足创业资金需求，人们越来越倾向于选择网络借贷平台作为融资途径。据统计，中国网络借贷服务交易规模保持增长态势，截至2023年上半年，中国网络借贷行业市场规模达到10.85万亿元。

新兴金融科技的创新为当前金融市场的沉疴带来了新的解决方法，但是需要识别其所带来的新风险。相较于欧美成熟的金融市场与监管体制，我国P2P网络借贷产业野蛮式增长的背后存在风险激增的隐患。在互联网金融发展初期，中国市场呈现监管滞后、风险管控失灵的混乱现象，平台经营甚至游走在监管部门的"灰色地带"。违规经营、非法集资、平台跑路、提现困难、庞氏骗局等资金安全事件层出不穷。自2018年6月起，P2P网络借贷产业更是掀起一波爆雷潮，"高返"平台和"企业贷"平台集中爆发风险事件，电商平台背书也频传失灵。据不完全统计，2018年问题平台涉及贷款余额超千亿元，达到1 434.1亿元，远超此前问题平台累计涉及贷款余额总和。截至2018年12月底，问题平台历史累计涉及的出借人数约为215.4万人（不考虑去重情况），涉及贷款余额约为1 766.5亿元。网贷行业风险事件层出不穷地爆发，不仅降低了消费者对金融平台的信任，给投资大众及社会造成了恶劣的影响，更是加强了金融监管单位对其的重视。

互联网金融需要依托计算机、互联网技术及其他软硬件设备等，所以系统风险较高。互联网金融的系统风险主要有以下三个方面来源：第一，来源于外部技术，大多数互联网金融公司都会选择服务外包或外部技术支持，希望能够借此减少运营成本。但是外包工作人员的职业素质良莠不齐，可能会违背职业道德，非法入侵互联网金融服务平台，盗取客户信息、篡改交易数据等，导致互联网金融服务平台的安全性遭到破坏。第二，来源于互联网本身，互联网本来固有的就是强大的交互性，互联网金融相关的第三方支付、融资等技术都是建立在互联网交互平台基础上的，一旦中间某个步骤存在风险，那么互联网金融也难逃影响。第三，来源于用户信息安全保护，只要获取用户的姓名、手机号和密码等信息后就可以轻易从第三方支付平台获取该用户的其他信息，而平台无法确认登录者是否为用户本人，一旦用户的相关信息被盗，就会严重威胁用户资金安全，用户可能会因为相关信息泄露而引来电信金融诈骗等。

在互联网金融行业，第三方支付平台是金融服务提供者与网络运营平台的桥梁，也是买卖双方进行结算业务时使用的平台。买卖双方使用第三方支付平台进行支付活动时，会给平台带来大量在途资金，需要法律法规来加以规范。央行等职能部门也需要对此类活动进行监督管理，避免不法分子钻法律的漏洞，利用第三方支付平台进行非法集资或洗钱等违法犯罪活动。同时，第三方支付平台能在短时间内账户中流入大量资金，这会给其带来一定的信用风险。第三方支付平台主要是为买卖双方提供信用担保，但是若没有机构为第三方支付平台提供信用担保，这会面临巨大的风险。

我国征信体系建设始于1997年，并于2006年7月实现全网查询。虽然我国征信体系的建设已经经历了一段时间，但互联网金融的发展需要更加完备的征信体系保驾护航。随着大数据技术的不断发展，我国积极探索利用大数据技术及时完善征信体系建设，不断加快发展步伐，央行的征信系统要与公安部数据融合、第三方平台征信数据要与央行征信数据融合等，要利用大数据技术评估消费者的消费习惯、理财情况等，进一步完善征信体系，强化互联网金融征信情况的可靠性，以最大限度规避风险。

积极完善互联网金融法律监管和风险防范体系建设。笔者研究发现，目前我国互联网金融行业存在一些法律监管漏洞，缺乏更加明确细致的法律规定，立法具有一定的滞后性，因此加快建设以互联网金融信用体系为中心的法律体系迫在眉睫。从互联网金融征信体系的数据监测与分析、建立信息披露制度、制定互联网金融技术标准等方面入手，加快互联网金融行业信用评价体系的科学、公正、透明建设，必须明确监管主体，形成跨行业、跨领域的全方位监管体系，强化公众的风险防范意识教育，有效降低互联网金融所面临的风险。

我国自2013年开始探索互联网金融相关行业，且发展迅速，正因为如此也面临着一些监管漏洞，以至于某些相关业务常常处于灰色地带，因此需要强化监管部门的管理责任。机构准入时不但要确认其资金能够达到行业要求，也要确认其技术能够满足用户需求，建立行之有效的消费者利益保障机制和危机处理方案；在运营过程中，机构要进行信息披露、数据报备等，确保监管部门能够最大限度监督其经营行为；如果机构打算退出，也要将相关事宜处理好，特别是一些风险事件，必须做好善后才可以退出。

我们应强化牌照制度和征信制度。我国互联网金融行业主要是依靠金融牌照进行行业管理的，要经过严格的审查后才能发放金融牌照，这样能够相对提高准入门槛，避免行业混乱的产生。我们还应强化征信系统建设，促进客户信用信息的互联互通，利用互联网技术推进全国全网征信系统建设。在进行完善征信系统建设过程中，征信互联的准入制度的实施能够有效规范企业行为，保护用户信息安全，防范用户信息泄露，要确保互联网金融行业的稳定性，最大限度降低风险，最大限度保护消费者权益。

7.2.2 对金融部门制定营销策略的政策建议

本书对互联网金融对居民消费需求、消费增进及消费结构的研究表明，互联网金融能够促进居民消费水平的提高。互联网金融是新兴的金融产品模式，可以通过互联网渠道为消费者提供金融服务和产品，同时对于消费者消费倾向与观念的引导起着不可忽视的作用。互联网金融尽管能够使以往没能获得传统金融服务的小微经济市场的资金需求得到满足，使得我国的金融生态发生一些转变，然而与此同时出现了一些不当行为和问题，比如绑架银行声誉和泄露客户信息，以及违规销售和不正当竞争等，严重影响了消费者的消费体验。因此，金融部门应进一步加强自身规范，创新储蓄市场、整合支付市场、创新金融产品和服务等，提高用户满意度，进一步扩大用户市场，更好地为我国市场经济服务。

（1）创新储蓄市场。

由于央行采取了连续降息的做法，储蓄的实际收益已经很低，还受到理财产品的冲击，加之货币基金发展迅速，对于居民来说，储蓄已逐渐失去了吸引力。储蓄资金是信贷资金最主要的来源，要大力吸纳储蓄资金，仍然要认识到储蓄资金的重要性。通过实证已经确定了储蓄的重要功能，它承担着增加居民消费信心的责任，由此可知发挥储蓄的功能极为重要，它能使居民消费基本保护功能得以彰显，但是目前我国储蓄市场的形势并不乐观，创新是唯一的出路。

（2）整合支付市场。

银行卡因支付方便而受到消费者的喜爱，尤其是信用卡的推广，它因具有信贷功能而得到消费者的青睐。由于互联网带来的影响，金融行业也在努力进行创新，推出了许多新的金融产品，有效推动了第三方支付的发展。作为重要的电子支付手段，第三方支付的地位是独立的，它因可以把网络支付与移动支付结合起来而得到迅速推广，这对我国支付体系来说具有良好的补充作用，更为重要的是它具备了信用功能，金融属性比较鲜明。但是我们要看到存在的问题，由于第三方支付行业飞速发展，由此而引发各种风险，加之对第三方支付出台的监管政策尚需完善，整个支付体系中仍存在安全隐患。为了使支付市场更具稳健性，需要对第三方支付市场进行融合，使其与商业银行卡结合起来，为居民消费创造更大的便利条件。

（3）扩展信贷市场。

消费金融目前已经在很多领域和场景得到应用，不应只局限于汽车贷款以及住房贷款等相对较小的领域，还应当将其应用到其他领域，比如美容、医疗、教育以及网购等消费领域，推出更多创新的消费金融服务形式。尽管当前的消费金融应用场景相较于起步时期更加丰富，但其覆盖面仍然比较有限，应当努力将其发展成为所有居民都能够享受到的状态。尽管在实践中可能无法达到完全理想的状态，但依然是行业未来发展的目标和方向。

作为消费方式的一种，信用消费受到广泛的欢迎。经过实证研究，消费信贷的作用已得到公认，能够有效提高居民的消费水平，也有利于增加居民在耐用品和非耐用品方面的消费支出。我们还要看到受互联网发展的影响，大数据技术快速发展，电商与互联网金融平台合作后产生了多种创新型消费信贷产品。我们可以看到信贷市场发展空间极为广阔。对于各类消费信贷供给主体实施科学的整合，落实错位发展，对信贷市场进行扩容操作，会对居民消费动力具有显著的提升作用。

（4）创新金融产品和服务。

任何企业在从事互联网金融时，都应当严格遵循严于律己的原则，并且需要严格落实相关网络制度，不断对互联网信息技术进行优化，从而针对信息窃取建立更加完善和科学的应对体系。从互联网金融企业的角度来看，在互联网中经营金融产品必须保证其安全性和唯一性，主要是因为其产品直接影响销售，同时是企业塑造良好形象的关键所在。互联网企业必须严格遵守法律法规和行业规定，充分发挥行业自律的作用，鼓励企业间进行举报监督，特别是针对网络盗窃行为，应当建立严格的处罚制度。比如对于仅窃取信息的企业应当通过书面警告以及处以罚款的形式进行惩治，罚款金额可在1万元以下；如果企业存在窃取金融产品模式的情况，则应当加大处罚力度，可处以超过1万元的罚款，而且应当对其经营许可证予以吊销；如果存在更为严重的情况就可以将其判定为网络犯罪；同时，需要通过网络渠道公示违法企业的相关信息，从而强化广大消费者的警惕意识和安全防范意识。

尽管当前网络保险的模式众多，然而这些模式都存在自身的缺陷和问题。现阶段互联网保险在各种商业模式中的满意度较低。对于互联网保险公司来说，不能只是通过自身的官方网站进行产品经营，还需要通过其他渠道推广其产品，持续对其产品结构和渠道结构进行优化，积极与客户进行沟通和交流，从而为客户提供更多的选择；除此之外，要大力引进和培训网站维护人员，持续对网站进行升级和更新，使网站的安全性得到充分保障。从专业中介机构的角度来说，应当大力创新产品，对营销渠道进行拓展，从而提高产品的知名度，让更多潜在客户了解产品。从第三方电商平台的角度来看，应当积极采取措施解决当前存在的资金问题，一方面是企业自身应当加强外部控制，积极采取措施提升资金使用效率；另一方面是监管部门应当严格审核其销售资质，加强监管。对于网络兼职代理而言，只有不断提升经营效率，才能在激烈的市场竞争环境下针对性地解决发展问题。监管部门应当明确监管的重要意义，努力为市场发展营造良好的环境。

在国内金融服务体系中，银行业金融机构仍然处在主导地位，与互联网金融企业相比，银行业金融机构具有垄断性，而且在服务准入与资金规模方面的限制条件比较多。这对金融服务的市场化是非常不利的，会导致金融服务市场竞争的公平性得不到充分保障，也会对金融服务的优惠与便捷性产生影响。消费金融服务提供者应当充分考虑自身的特点，确定目标客户群，这样就可以针对目标客户群的特点提供差异化的服务，所以在消费金融发展中，各业务都有非常重要的地位。当前我国有非常庞大的消费金融潜在客户，传统金融机构并不能满足其需求，主要是因为传统金融机构采取了较为苛刻的审查条件，一些小白客户此前并没有办理信用卡，所以央行的信用记录中并没有这部分客户的信息。因为这种情况，传统金融机构往往会拒绝此类客户的贷款申请。随着新型消费金融的不断发展及风险控制方式越来越多元化，新型金融机构更倾向于使用风险控制系统对风险进行管控，而且对金融技术的接受度比较高。不仅如此，随着消费金融的市场越来越多元化，金融市场中的竞争会更充分，有利于行业的持续健康发展。

为推动消费金融的发展，相关经营主体应当积极对业务进行拓展，尤其是要建立更加多元化的消费金融体系，不能只是依赖传统金融机构主导，还要通过努力实现健康发展。

7.2.3　对消费者个人的建议

（1）加强居民金融素养教育。

通过实证分析发现，互联网金融的发展可以有效缓解流动性方面的限制，有利于消费结构的优化升级。当前，国内很多居民储蓄意识已经转淡，居民的住房贷款数额也较大。从政策的角度来看，应当根据居民可支配收入情况进行贷款发放，要持续性开展动员工作，促使居民消费结构升级。另外，应当对互联网金融严格监管，确保相关产品得到充分保障。当前国内保险深度仅为4%，但很多发达国家高达8%，我国很多民众对保险了解比较少，所以应当加大力度宣传和普及保险知识，确保居民消费结构的稳定性。从投资理财的角度来看，应当为客户提供更加丰富多样的互联网金融产品。在传统的经营模式下，基金和保本理财以及银行定期存款等产品往往存在流动性不足的问题，所以需要充分利用互联网金融的灵活性优势，不断对资产配置进行优化。除此之外，应当促进居民保险与其他金融知识水平的提高，引导其消费观念，不断促使其对消费结构进行优化升级。我国金融产业发展势头良好，但是在向高端发展的过程中，还需要把大量的基础金融知识融入其中，并加大宣传力度，使相关方更多地对金融理财功能形成正确的认识。由于对相关风险因素引起重视的程度不足，导致我国出现金融教育整体结构缺失的问题。因此，可以科学选择并运用居民负债率工具，具体可从家庭教育、学校教育和社会教育三个维度普及居民金融教育活动。

（2）树立"和谐消费"观念。

发展居民负债率目的性是明确的，即为了更好地促进消费。消费与经济发展之间存在密切的关系，消费是经济增长的重要驱动力之一。由此可知，要树立起"和谐消费"观念，使消费与其他经济的关系处于良好状态，以实现社会的和谐发展。居民要充分考虑自身的实力，与经济发展同步，并树立正确的消费观，使消费与收入和谐发展。居民所树立的消费观要与生态环境之间形成良好的关系，既要满足居民的生存和发展的需要，也要考虑生态环境的稳定性和持续性。

参 考 文 献

[1] 黄小强. 我国互联网消费金融的界定、发展现状及建议 [J]. 武汉金融，2015（10）：39-41.

[2] 章雨薇. 互联网金融的发展对中国各城市居民消费水平的影响研究 [J]. 时代金融，2021（17）：21-23.

[3] 吴晓求. 中国金融的深度变革与互联网金融 [J]. 财贸经济，2014（1）：14-23.

[4] 邱冬阳，肖瑶. 互联网金融本质的理性思考 [J]. 新金融，2014（3）：19-22.

[5] 中国互联网金融协会. 2017中国互联网金融年报 [M]. 北京：中国金融出版社，2017：3-14.

[6] 沈杨嘉仪. 互联网金融对我国居民消费的影响研究 [J]. 财经界（学术版），2019（3）：13-14.

[7] 陈一稀. 互联网金融的概念、现状与发展建议 [J]. 金融发展评论，2013（12）：126.

[8] 刘玉. 我国互联网消费金融的现状和趋势研究 [J]. 中国集体经济，2015，24（8）：202-203.

[9] EMEKTER R. Evaluating Credit Risk and Loan Performance in Online P2P Lending [J]. Applied Economics，2015，47（1）.

[10] 汪红驹，李原. 经济新常态下中国货币金融学研究进展——基于2011—2016年经济类重要学术杂志的统计分析 [J]. 广西财经学院学报，2018，

　　　　　31 (4)：32-42，56.

[11]　李燕桥. 中国消费金融发展的制约因素及对策选择 [J]. 山东社会科学，
　　　　　2014 (3)：149-153.

[12]　郭建辉. 我国互联网金融发展的内生逻辑、驱动因素与金融功能效应 [J].
　　　　　税务与经济，2018 (1)：39-45.

[13]　邢天才，张夕. 互联网消费金融对城镇居民消费升级与消费倾向变动的影
　　　　　响 [J]. 当代经济研究，2019 (5)：89-97，113.

[14]　曾碧华，刘公保. 互联网金融对普惠金融的积极作用研究关键要点 [J].
　　　　　环渤海经济瞭望，2021 (5)：18-19.

[15]　揭佳豪. 互联网金融对农村民间借贷需求的影响 [J]. 华北金融，2021
　　　　　(1)：83-94.

[16]　洪铮，章成，王林. 普惠金融、包容性增长与居民消费能力提升 [J]. 经
　　　　　济问题探索，2021 (5)：177-190.

[17]　尹志超，公雪，郭沛瑶. 移动支付对创业的影响——来自中国家庭金融调
　　　　　查的微观证据 [J]. 中国工业经济，2019 (3)：119-137.

[18]　张李义，涂奔. 互联网金融信息优势对同业市场利率影响的实证研究——
　　　　　基于商业银行经营决策分析 [J]. 财经论丛，2018 (2)：47-57.

[19]　李留宇. 谢平：理解互联网金融关键点在哪儿？ [J]. 国际融资，2014
　　　　　(3)：28-30.

[20]　佚名. 消费对经济增长贡献率已近65%，接下来机会在哪儿 [EB/OL].
　　　　　[2021-11-06]. https://finance.sina.com.cn/roll/2021-11-06/doc-
　　　　　iktzscyy3958198.shtml.

[21]　文启湘，许永兵. 尹世杰消费经济思想的重要特点 [J]. 南方经济，2003
　　　　　(1)：54-55.

[22]　朱春艳，赵越，高琴. 于光远的"四种消费品"理论评析 [J]. 洛阳师范
　　　　　学院学报，2015，34 (6)：16-20.

[23]　赵保国，盖念. 互联网消费金融对国内居民消费结构的影响——基于VAR
　　　　　模型的实证研究 [J]. 中央财经大学学报，2020 (3)：33-43.

[24]　王云川. 消费需求调节的微观基础 [J]. 经济纵横，1994 (5)：23-27.

[25]　吴晓求. 中国金融的深度变革与互联网金融 [J]. 财贸经济，2014 (3)：
　　　　　14-23.

[26]　邱冬阳，肖瑶. 互联网金融本质的理性思考 [J]. 新金融，2014 (3)：
　　　　　19-22。

[27]　张金林，邹凯，肖鹏南. 互联网使用促进普惠金融发展的理论与实证 [J].
　　　　　武汉金融，2022 (1)：50-57.

[28] 沈杨嘉仪. 互联网金融对我国居民消费的影响研究 [J]. 财经界（学术版），2019（3）：13-14.

[29] 邱冬阳，肖瑶. 互联网金融本质的理性思考 [J]. 新金融，2014（3）：19-20.

[30] 中国互联网金融协会. 2017中国互联网金融年报 [M]. 北京：中国金融出版社，2017：3-14.

[31] 陈一稀. 互联网金融的概念、现状与发展建议 [J]. 金融发展评论，2013（12）：126.

[32] 孙国茂. 互联网金融：本质、现状与趋势 [J]. 理论学刊，2015（3）：45.

[33] 谢平. 互联网金融手册 [M]. 北京：中国人民大学出版社，2014：16-21.

[34] 生蕾，路子强，李校红. 互联网金融研究综述与发展建议 [J]. 征信，2018（12）：84-88.

[35] 罗明雄. 互联网金融六大模式解析 [J]. 高科技与产业化，2014（3）：57.

[36] 邢译文. 中国互联网金融模式研究 [D]. 长春：吉林财经大学，2016.

[37] 周宇. 互联网金融：一场划时代的金融变革 [J]. 探索与争鸣，2013（9）：68.

[38] 罗微. 互联网金融对传统银行业的影响分析 [J]. 中国商论，2013（31）：130.

[39] 曹飞燕. 互联网金融时代商业银行变革方向 [J]. 金融创新，2013（11）：45.

[40] LEVINE R. Finance and Growth：Theory and Evidence [J]. Handbook of Econimic Growth，2005（1）：865-934.

[41] 谢平，邹传伟，刘海二. 互联网金融的基础理论 [J]. 金融研究，2015（8）：1-12.

[42] 钱海章，陶云清，曹松威，等. 中国数字金融发展与经济增长的理论与实证 [J]. 数量经济技术经济研究，2020（6）：26-46.

[43] 彭迪云，李阳. 互联网金融与商业银行的共生关系及其互动发展对策研究 [J]. 经济问题探索，2015（3）：133-139.

[44] 易信，刘凤良. 金融发展、技术创新与产业结构转型——多部门内生增长理论分析框架 [J]. 管理世界，2015（10）：24.

[45] 田杰，陶建平. 农村金融排除对城乡收入差距的影响——来自我国1 578个县（市）面板数据的实证分析 [J]. 中国经济问题，2011（5）：56-64.

[46] 张子豪，谭燕芝. 数字普惠金融与中国城乡收入差距——基于空间计量模型的实证分析 [J]. 金融理论与实践，2018 (6)：7.

[47] 孙继国，韩开颜，胡金焱. 数字金融是否减缓了相对贫困？——基于CHFS 数据的实证研究 [J]. 财经论丛，2020 (12)：50—60.

[48] DAIWON K, JUNGSUK Y, HASSAN M K. Financial Inclusion and Economic Growth in OIC Countries [J]. Research in International Business and Finance, 2018 (43)：1-14.

[49] 周湘怡. 互联网金融发展前景思考 [J]. 智库时代，2017 (7)：8.

[50] 钱舒. 互联网金融的发展现状与前景 [J]. 时代金融，2016 (4)：182.

[51] 白钦先，谭庆华. 论金融功能演进与金融发展 [J]. 金融研究，2006 (7)：41-52.

[52] 胡少维. 我国区域经济分化明显——2016年上半年区域经济分析及全年判断 [J]. 财经界（学术版），2017 (15)：3-6.

[53] 姜涛，臧旭恒. 中国居民最终消费与经济增长关系的协整分析 [J]. 管理现代化杂志，2008 (5)：49-51.

[54] 吴嵩. 华东地区各省市城镇居民消费与收入的实证研究：基于面板数据的协整分析 [J]. 福建财会管理干部学院学报，2010 (1)：8-11.

[55] 高善文. 收入与消费增长背离背后的逻辑 [J]. 清华金融评论，2019，(5)：68-70.

[56] 赵凯. 我国城乡消费需求理论与实证研究——以消费量及消费结构为视角 [J]. 国民经济管理，2009 (11).

[57] 张晓芳. 不确定性的测度及其对中国城镇居民消费的影响研究 [J]. 统计与信息论坛，2018，33 (1)：43-49.

[58] 任太增. 收入支出不确定性与中国消费需求之谜 [J]. 中州学刊，2004 (2)：27-30.

[59] 李文溥，龚敏. 城乡不同收入群体通胀差距对收入、消费的影响：基于中国季度宏观经济模型（CQMM）的实证分析 [J]. 中国流通经济，2011 (10)：50-56.

[60] 张晓芳. 不确定性的测度及其对中国城镇居民消费的影响研究 [J]. 统计与信息论坛，2018，33 (1)：43-49.

[61] 罗楚亮，颜迪. 消费结构与城镇居民消费不平等：2002—2018年 [J]. 消费经济，2020，36 (6)：3-16.

[62] 朱琛，赵帝. 中国城乡居民财产性收入差距与消费差距相关性的实证研究：基于1992—2009年经验数据的考察 [J]. 社科纵横，2012 (4)：28-33.

[63] 李隆玲，田甜，武拉平. 城镇化、不确定性与消费行为研究——基于2014

年全国五省农民工调查数据的实证分析［J］．哈尔滨工业大学学报（社会科学版），2017，19（1）：128-134．

［64］ 臧旭恒．持久收入、暂时收入消费［J］．经济科学，1994（1）：44-50．

［65］ 姚伟纲．关于持久收入、暂时收入与消费关系的实证研究［J］．世界经济情况，2006（21）：8-12．

［66］ 梁纪尧．我国收入分配差异预警分析［J］．财经科学，2006（6）：66-73．

［67］ 赵航，张盼盼．不确定性如何影响我国农村居民消费——基于持久收入假说下的动态面板实证研究［J］．江西财经大学学报，2019（5）：57-69．

［68］ 黄耀樟．互联网金融支持消费升级的影响［J］．现代商业，2020（12）：70-71．

［69］ 方长春，周小英．收入结构对消费支出影响的阶层差异［J］．河海大学学报（哲学社会科学版），2017，19（1）：51-58，90．

［70］ 陆彩兰，洪银兴，赵华．农民收入结构对消费支出的影响：基于江苏省1993—2009年的数据分析［J］．经济体制改革，2012（2）：66-70．

［71］ 张红伟，杨琨．中国城镇居民消费和财富能预测股指收益吗［J］．投资与证券，2017（4）．

［72］ TUFANO P．Consumer Finance［J］．Annual Review of Financial Economics，2009，1（1）：227-247．

［73］ 叶湘榕．互联网金融背景下消费金融发展新趋势分析［J］．征信，2015（6）：73-77．

［74］ 凌炼，龙海明．消费金融影响居民消费行为的机制分析［J］．求索，2016（5）：78-82．

［75］ 邹新月，王旺．数字普惠金融对居民消费的影响研究——基于空间计量模型的实证分析［J］．金融经济学研究，2020，35（4）：133-145．

［76］ 王刚贞，刘婷婷．数字普惠金融对农村居民消费的异质性影响研究［J］．山西农业大学学报（社会科学版），2020（5）：74-83．

［77］ 张李义，涂奔．互联网金融对中国城乡居民消费的差异化影响——从消费金融的功能性视角出发［J］．财贸研究，2017，28（8）：70-83．

［78］ NORDEN L，BUSTONL C S，WANGER W．Financial Innovation and Bank Behavior：Evidence from Credit Markets［J］．Journal of Economic Dynamics and Control，2014（6）：15-19．

［79］ 段辉娜，王雪梅，孙敬怡．互联网消费金融对居民消费行为的影响研究［J］．商业经济研究，2020（7）：48-52．

［80］ 霍亮．新媒体时代互联网消费金融对公众消费的影响研究［J］．现代交际，2021（22）：236-238．

[81]　王刚贞，陈梦洁. 数字普惠金融减贫效应存在空间异质性吗？——基于空间计量模型的实证分析 [J]. 东北农业大学学报（社会科学版），2020，18（3）：10-18.

[82]　马德功，韩喜昆，赵新. 互联网消费金融对我国城镇居民消费行为的促进作用研究 [J]. 现代财经（天津财经大学学报），2017（9）：19-27.

[83]　崔海燕. 数字普惠金融对我国农村居民消费的影响研究 [J]. 经济研究参考，2017（64）：54-60.

[84]　杨玲. 我国消费金融对城镇居民消费的影响研究 [D]. 长沙：湖南师范大学，2018.

[85]　唐艺军，剧苗苗. 互联网金融对居民消费影响的贡献测度研究——基于P2P视角的实证检验 [J]. 辽宁工程技术大学学报（社会科学版），2017（4）：393-399.

[86]　毛宛苑. 消费金融公司的发展与监管 [J]. 中国金融，2016（11）：21-23.

[87]　HORIOKA C，WAN J. The Determinants of Household Saving in China：A Dynamic Panel Analysis of Provincial Data [J]. Journal of Money，Credit and Banking，2007（39）：2077-2096.

[88]　YAN G. Risk Types and Risk Amplification of Online Finance [J]. Information Technology Journal，2013，12（3）.

[89]　KRISTIN S. Constant Consumption Smoothing，Limited Investments and Few Repayments：The Role of Debt in the Financial Lives of Economically Vulnerable Families [J]. Social Service Review，2015，89（2）：263-300.

[90]　NORDEN L，BUSTONL C S，WAGNER W. Financial Innovation and Bank Behavior：Evidence from Credit Markets [J]. Journal of Economic Dynamics and Control，2014，43（6）：15-19.

[91]　SATO S，HAWKINS J. Electronic Finance：An Overview of the Issues [R]. Basel：BIS，2001.

[92]　董雅丽，李晓楠. 网络环境下感知风险、信任对消费者购物意愿的影响研究 [J]. 科技管理研究，2010（21）：134-137.

[93]　常京京. 互联网金融对居民消费需求的影响研究 [J]. 齐齐哈尔工程学院学报，2016（2）：77-81.

[94]　蒋杏子. 互联网金融对中国居民消费的影响研究 [J]. 中国管理信息化，2020（20）：136-137.

[95]　赵保国，盖念. 互联网消费金融对国内居民消费结构的影响——基于VAR

模型的实证研究［J］.中央财经大学学报，2020（3）：33-43.

［96］ 魏子东.互联网金融发展对中国城乡居民消费影响的实证分析［D］.济
南：山东大学，2018.

［97］ 吕建黎.互联网金融对消费影响的实证研究——基于网络购物视角［J］.
市场周刊，2018（12）：149-150.

［98］ 杨姝平，刘诗颖.第三方支付与线上消费的联动效应及未来发展［J］.时
代金融，2018（18）：197-198.

［99］ 吕可可，张炜熙，刘璐.互联网金融对居民消费的影响研究［J］.经济研
究导刊，2018（8）：147-148.

［100］ 郭庆，刘彤彤.P2P网贷对中国城乡居民消费的多重影响效应——基于省
际动态面板模型的分析［J］.经济体制改革，2018（2）：49-56.

［101］ 李薇，朱婷婷.互联网金融对居民消费的影响［J］.合作经济与科技，
2018（6）：76-77.

［102］ 于洋.互联网金融对中国居民消费的影响研究［J］.现代营销，2018
（8）：22-23.

索引